EL LIDERAZGO DE JESÚS

Cómo ser un líder servidor

C. GENE WILKES

TRADUCTOR: EFRAÍN BELLO

LIFEWAY PRESS
NASHVILLE, TENNESSEE

CONTENIDO

SEMANA 1: DESDE LA MESA PRESIDENCIAL 5
"Porque el Hijo del Hombre no vino para ser servido, sino
para servir, y para dar su vida en rescate por muchos"
(Mc 10.45).

SEMANA 2: EL LÍDER QUE S.I.R.V.E. (PRIMERA PARTE) 31
"Cada uno según el don que ha recibido, minístrelo a los
otros, como buenos administradores de la multiforme gracia
de Dios" (1 P 4.10).

SEMANA 3: EL LÍDER QUE S.I.R.V.E. (SEGUNDA PARTE) 57
"Y me ha dicho: Bástate mi gracia; porque mi poder se perfecciona en la debilidad. Por tanto, de buena gana me gloriaré
más bien en mis debilidades, para que repose sobre mí el poder
de Cristo" (2 Co 12.9).

SEMANA 4: CÓMO PREPARAR A OTROS 85
"Y él mismo constituyó a unos, apóstoles; a otros, profetas; a
otros, evangelistas; a otros, pastores y maestros, a fin de perfeccionar a los santos para la obra del ministerio, para la edificación del cuerpo de Cristo" (Ef 4.11-12).

SEMANA 5: CÓMO SERVIR EN EL MINISTERIO DE EQUIPO 103
"Después llamó a los doce, y comenzó a enviarlos de dos en
dos; y les dio autoridad sobre los espíritus inmundos"
(Mc 6.7).

EL PLAN DE ESTUDIO DEL CRECIMIENTO DEL CRISTIANO 128

INTRODUCCIÓN

EL LIDERAZGO DE JESÚS: *Cómo ser un líder servidor*, surgió en una iglesia local. Este manual es un esfuerzo para desarrollar líderes que sigan el patrón del ministerio de Jesús para enseñar a otros a hacer el trabajo del reino. No es ni la primera ni la última palabra en el descubrimiento y desarrollo del liderazgo en la iglesia. Desarrollar líderes servidores ha sido la labor de la iglesia desde que Jesús afirmó la confesión de fe de Pedro y estableció su iglesia sobre aquella roca. Preparar líderes servidores será una tarea de la iglesia hasta que Cristo vuelva.

El liderazgo de Jesús se incorpora a los demás libros y materiales referentes al liderazgo en la iglesia y los negocios. Son muchos los trabajos que comienzan explicando las características de un líder y entonces se refieren a la vida de Jesús y sus enseñanzas para apoyar esas ideas. Este manual empieza exponiendo cómo el Señor practicó y enseñó el liderazgo y luego trae los principios obtenidos de su ministerio a la vida de la iglesia. El desafío es hacer que el ejemplo de Cristo sirva de guía y norma para el liderazgo en el pueblo de Dios. Existirá la incomprensión y el conflicto mientras los miembros de la iglesia prefieran el modelo mundano de liderazgo antes que los ejemplos de Jesús y sus enseñanzas. Sin embargo, cuando una iglesia escoge seguir el modelo bíblico de servicio para todos sus líderes, Dios obrará a través de ellos en forma sorprendente. Es mi oración que así sea en su iglesia.

"Toda buena dádiva desciende de lo alto" (Stg 1.17). Reconozco la mano de Dios en todo el proceso de este proyecto. Quiero agradecerle a Henry Webb la confianza que puso en mí y el estímulo que me brindó durante el desarrollo de este proyecto. Trabajé más de cerca con Sam House y Richard Ryan durante la etapa de producción y les agradezco la diligencia y atención que prestaron a los detalles. También debo expresar mi gratitud a los que leyeron todo, o parte de este manuscrito en su etapa de desarrollo: Vicki Jeter, Ron Lewis, Rocky Pope, Fred Neyiland, Sharon Schierling y Ken Voges. Todos fueron contribuyentes importantes. También quiero dar las gracias a los siete primeros participantes de este estudio. Su aporte y crítica ayudaron para que este fuera el mejor para usted. También estoy agradecido de las personas de la Iglesia Bautista Legacy Drive, cuya visión y misión para hacer discípulos originó este trabajo. Las personas acerca de quienes usted lee en este manual son reales y sirvieron de modelo para el liderazgo del servidor.

Kim, mi esposa, es mi mejor amiga. Sin su apoyo no hubiera completado este proyecto. Y le doy unas "gracias" muy especiales a mis hijas, que tuvieron que soportar los hábitos de escritor de su papá.

Quiera Dios que este manual lo guíe, a usted y a su iglesia, a descubrir y desarrollar líderes servidores. Que Él use este material "a fin de perfeccionar a los santos para la obra del ministerio, para la edificación del cuerpo de Cristo" (Ef 4.12).

Un día, me encontré sentado a la mesa presidencial de una actividad asociacional. Como líder del equipo de crecimiento de la iglesia, mi trabajo era presentar al orador. Las demás personas que me acompañaban eran: el director de misiones, el moderador, la solista que iba a cantar la música especial, su esposo y el orador. Yo iba a presentar a este último después que alguien orara y me señalara como el "presentador". (¡Con sus mejores palabras de protocolo denominacional!)

Después que presenté al orador, todos los que estaban en la mesa presidencial se levantaron y se sentaron con los asistentes a la conferencia. ¡Todos... menos yo! El orador, que notó a los que se levantaron, dijo: "Si usted está en la mesa presidencial y prefiere cambiarse, puede hacerlo en este momento". Quedando solo me paré y dije: "¡Me encantaría!" Todos nos reímos, y caminando con mi cara sonrojada fui a sentarme a la mesa de los que sirvieron en la cocina.

Mientras que la sangre regresaba al resto de mi cuerpo, recordé la historia de Jesús acerca de dónde sentarse en los banquetes. En la casa de un fariseo prominente Él le enseñó al pueblo:

> Cuando fueres convidado por alguno a bodas, no te sientes en el primer lugar, no sea que otro más distinguido que tú esté convidado por él, y viniendo el que te convidó a ti y a él, te diga: Da lugar a éste; y entonces comiences con vergüenza a ocupar el último lugar. Mas cuando fueres convidado ve y siéntate en el último lugar para cuando venga el que te convidó, te diga: Amigo, sube más arriba; entonces tendrás la gloria delante de los que se sientan contigo a la mesa (Lc 14.8-10).

Mientras reflexionaba en mi error social y en las palabras del orador, me di cuenta que había hecho lo que es típico en muchos líderes. Cuando nos dan un cargo aceptamos felizmente la importancia que trae consigo. Frecuentemente obviamos que el verdadero lugar del liderazgo cristiano está afuera, en la multitud, y no en la mesa presidencial. Los líderes que siguen el modelo de liderazgo de Cristo trabajan en la cocina hasta terminar la labor. Servir es la meta de un líder que tiene a Cristo como su maestro.

En la actualidad, son muchas las iglesias donde la mesa presidencial ha reemplazado la toalla y el lebrillo, símbolos del liderazgo para el pueblo de Dios. A menudo, los reconocidos líderes disfrutan de esas posiciones porque fueron elegidos por amigos y familiares. A algunos les encanta sentarse en las mesas presidenciales, pero nunca acercarse a la cocina (o al departamento de cuna). Pero las iglesias necesitan líderes que sepan que Dios los hizo y dotó para servir al cuerpo de Cristo. Las iglesias requieren líderes que tengan la

SEMANA 1:

DESDE LA MESA PRESIDENCIAL

VERSÍCULO PARA MEMORIZAR ESTA SEMANA:

Porque el Hijo del Hombre no vino para ser servido, sino para servir, y para dar su vida en rescate por muchos (Mc 10.45).

En la actualidad, son muchas las iglesias donde la mesa presidencial ha reemplazado la toalla y el lebrillo, símbolos del liderazgo para el pueblo de Dios.

habilidad de capacitar a otros y con ellos formar equipos en el ministerio.

Las iglesias necesitan líderes que abandonen la mesa presidencial y sirvan en la cocina. Las iglesias del siglo XXI necesitan hombres y mujeres que dejen de seguir los conceptos de liderazgo del mundo y adopten las enseñanzas y ejemplos de Jesús del liderazgo del servidor.

¡El liderazgo del servidor no es una contradicción! El *siervo* y el *líder* se mantienen unidos como un modelo para las personas a quienes se les confía el bienestar de un grupo. Servir a través del liderazgo es como Jesús nos ejemplificó y enseñó el discipulado entre sus amigos más cercanos. El verdadero liderazgo del servidor comienza sometiéndose a Jesús como el maestro y siguiendo obedientemente sus enseñanzas y modo de vida como un líder. Usted sólo podrá dirigir como Cristo cuando obedezca sus enseñanzas para guiar como un siervo.

El propósito de este estudio es ayudar a las iglesias a añadir al liderazgo una dimensión de siervo mientras descubren, instruyen y colocan siervos líderes en todas las áreas de su ministerio. Las enseñanzas de Jesús y el modelo de liderazgo del servidor son el fundamento de este estudio. Además, este estudio puede guiar a los miembros del cuerpo de Cristo a descubrir su papel como siervos líderes y prepararlos para el equipo ministerial. Líderes servidores en el equipo ministerial es nuestro propósito como miembros individuales y como iglesia.

Mi oración es que las iglesias comiencen a honrar y a preparar líderes que gustosamente sigan las enseñanzas de Jesús y su modelo de liderazgo de servidor. Mi meta personal es servirle a usted y a su iglesia a través de este manual y apoyar a los medios de difusión cristianos para que ayuden a restaurar el modelo bíblico del liderazgo del servidor en su iglesia.

En esta semana usted:

- Descubrirá siete principios del liderazgo del servidor (Días 1-4).
- Examinará definiciones del líder servidor y las enseñanzas de Jesús acerca de la humildad (Día 1).
- Analizará las enseñanzas de Jesús acerca de ser el primero y el mejor (Día 2).
- Observará cómo Jesús ejemplificó con su conducta el liderazgo del servidor durante la noche en que fue entregado (Día 3).
- Estudiará los modelos bíblicos para delegar el liderazgo (Día 4).
- Evaluará el llamado de Dios en su vida para ser un líder servidor (Día 5).

Líderes servidores en el equipo ministerial es nuestro propósito como miembros individuales y como iglesia.

Enseñanzas de Jesús sobre el liderazgo (Primera parte)

La verdadera grandeza y el verdadero liderazgo, no se logran reduciendo hombres al servicio de uno, sino generosamente dándose uno mismo al servicio de ellos.[2]

J. Oswald Sanders.

USTED HOY:

- Revisará el concepto bíblico del liderazgo del servidor.
- Examinará las enseñanzas de Jesús acerca de la humildad.
- Hará un inventario de su relación con Jesucristo.
- Estudiará el modelo de Jesús sobre el servicio humilde a los demás.

Hoy queremos examinar diferentes ideas acerca del liderazgo. Deseamos emplear nuestro tiempo en los modelos bíblicos de liderazgo y cómo Jesús enseñó y ejemplificó el liderazgo para sus seguidores. Vamos a comenzar por definir sus impresiones acerca de un líder. Debajo encontrará una lista de cualidades del carácter. Haga una marca en las que considere importantes en un líder.

❏ Honesto	❏ Amable	❏ Justo	❏ Orientado hacia una meta
❏ Humilde	❏ Audaz	❏ Preocupado	❏ Íntegro
❏ Piadoso	❏ Fuera de lo común	❏ Servicial	❏ Inspirador
❏ Dependiente	❏ Emotivo	❏ Decidido	❏ Precavido
❏ Cooperador	❏ Independiente	❏ Leal	❏ Inteligente

Regrese a la lista y haga un círculo a las características de su vida.

Sabemos lo que queremos de un líder. Algunos prefieren que sea decidido o que tenga visión. Otros quieren que sea agradable y amable. Algunos no quieren tener un líder, ¡muchas gracias!

Deseo destacar las características del servicio. Un líder con un corazón para servir, satisface esas necesidades del grupo relacionadas con sus metas. En lugar de usar un memorándum, este tipo de líder guía con el ejemplo.

En 1977, Robert Greenleaf, en ese entonces ejecutivo en la industria de comunicaciones, anunció al mundo que un nuevo principio moral estaba surgiendo en la sociedad. Escribió que en el futuro "las únicas instituciones que tendrán éxito serán las predominantemente guiadas por siervos".[3]

Greenleaf observó que las personas responden mejor al líder que sirve al grupo o institución. A mediados de los años 70, exigió organizaciones dirigidas por siervos. Comprendió que los jefes que se enseñoreaban no eran del

Las personas prefieren seguir a los que les ayudan, ¡no a los que les intimidan!

agrado de los trabajadores. Las personas prefieren seguir a los que ayudan, ¡no a los que intimidan!

> J. Oswald Sanders escribió:
> La verdadera grandeza y el verdadero liderazgo, no se logran reduciendo hombres al servicio de uno, sino generosamente dándose uno mismo al servicio de ellos. Y esto nunca se logra sin un precio... El verdadero líder espiritual se preocupa infinitamente más por el servicio que presta a Dios y a sus seguidores que por los beneficios y placeres que puede extraer de la vida. Aspira a darle más a la vida que lo que va a extraer de ella.[4]

Sanders y Greenleaf piden las mismas cualidades en un líder: un corazón de siervo. Esta característica no es un nuevo descubrimiento, es una afirmación de las enseñanzas de Jesús sobre el liderazgo. Sanders encontró un verdadero liderazgo en sus ejemplos y enseñanzas.

El liderazgo en el reino de Dios es diferente al del mundo. Sigue siendo liderazgo, pero los que guían en el reino de Dios son muy diferentes a los que guían de acuerdo con el mundo. La vida bajo el señorío de Cristo tiene valores diferentes a la sometida a nuestro señorío. Por lo tanto, los líderes del reino guían como Jesús. Los líderes del reino son líderes servidores porque siguen a Jesús que "no vino para ser servido, sino para servir" (Mc 10.45).

Jesucristo enseñó a sus discípulos una valiosa lección acerca de las mesas presidenciales y un espíritu humilde.

LA HISTORIA DE JESÚS ACERCA DE LA HUMILDAD
Lea Lucas 14.1,7-11. Luego piense en las siguientes preguntas:

    1. ¿Dónde estaba Jesús cuando narró esta historia? (Lc 14.1)

_____

    2. ¿Por qué contó la historia? (Lc 14.7)

_____

    3. Póngase en lugar de los discípulos. ¿Cómo reaccionaría al mensaje de Jesús en ese lugar y a esas personas?

_____

_____

Jesús narró esta historia a sus seguidores mientras asistían a una comida en casa de un prominente líder religioso. Él observó cómo los invitados buscaban lugares de honor en la mesa principal, cerca del anfitrión. Escogió esta situación para enseñar a sus discípulos cómo debían comportarse en lo referente a los lugares de honor. Escriba el aspecto principal de cada uno de los versículos de la parábola:

    Versículo 8: _____

El liderazgo en el reino de Dios es diferente al del mundo.

Versículo 9: _____

Versículo 10: _____

Versículo 11: _____

Jesús dijo que en primer lugar sus seguidores deben humillarse. La distinción final vendrá de Dios. El mundo dice: "siéntese en la mesa de honor". Jesús dice: "siéntate en el último lugar. Yo escogeré al que se sentará delante".

En el versículo 11 "humillado" significa: rebajarse o cambiarse a un lugar más bajo".[5] El Señor le pidió a sus discípulos que se humillaran en lugar de enaltecerse. Los discípulos de Jesús esperan que su anfitrión los invite a la mesa de honor. No buscan los mejores lugares. La Biblia dice: "y a la honra precede la humildad" (Pr 15.33).

El primer principio del liderazgo del servidor es:
Los líderes servidores se humillan y esperan a que Dios los exalte.

Usted no puede aplicar este principio a su vida sin antes seguir las enseñanzas de Jesús. Debe decidir si diseñará o no su vida de acuerdo con los patrones de Jesús, o de acuerdo con las mejores experiencias e ideas que ofrece el mundo.

Aspecto decisivo: Antes de continuar, respóndase esta pregunta: "¿Quién es el señor de mi vida?" Esta respuesta es básica para este estudio porque: *Nadie puede ser siervo sin tener un señor.* Usted no puede ser un líder servidor, como Jesús mostró, sin tenerlo a Él como Señor. Cristo dijo: "Ninguno puede servir a dos señores; porque o aborrecerá al uno y amará al otro, o estimará al uno y menospreciará al otro" (Mt 6.24). Los líderes sin Jesús como Maestro solamente serán sirvientes de ellos mismos, no de otros.

Tome unos minutos para examinar su corazón y responder a las preguntas siguientes:

1. ¿He confesado mis pecados y resistencia al liderazgo de Dios en mi vida? ❏ Sí ❏ No
2- ¿He confesado que Jesús es el Señor de mi vida? (Véase Ro 10.9.) ❏ Sí ❏ No
3- ¿Controlo mi vida o permito que Cristo la controle? (Véase Gl 2.20.) ❏ Sí ❏ Cristo
4- ¿Muestro deseos de humillarme ante otros o soy más feliz cuando me gano un puesto en la mesa principal? ❏ Me humillo ❏ Me gusta ganarme el puesto.

Las respuestas a estas preguntas ayudan a describir su relación con Jesucristo. El resto de este manual sólo será un ejercicio para saber si Cristo está controlando cada aspecto de su vida. Si en este momento desea solucionar

Debe decidir si diseñará o no su vida de acuerdo con los patrones de Jesús, o de acuerdo con las mejores experiencias e ideas que ofrece el mundo.

este asunto, haga una pausa y pídale a Cristo que sea el Señor y Salvador de su vida. Entonces llame al líder de su grupo o al pastor y pídale que se una a usted en oración. Prepárese para explicar su decisión en la próxima reunión.

UNA ACTITUD COMO LA DE JESÚS

El apóstol Pablo le pidió a los cristianos de Filipos que se sirvieran unos a otros como Jesucristo los serviría a ellos. Pablo les recordó cuáles eran sus fuentes de poder, compañerismo y unidad en Cristo. Les escribió: "Haya pues en vosotros este sentir que hubo también en Cristo Jesús" (Flp 2.5). Luego Pablo describió el servicio humilde de Jesús: Tomar la forma humana y morir por otros en la cruz.

Lea Filipenses 2.5-11 (impreso a continuación). Subraye las palabras que describen cómo Jesús se humilló a sí mismo. Vuelva a leerlo y haga un círculo alrededor de las palabras que dicen cómo Dios le exaltó.

> "Haya, pues, en vosotros este sentir que hubo también
> en Cristo Jesús,
>   el cual, siendo en forma de Dios,
>   no estimó el ser igual a Dios como cosa a que aferrarse,
> sino que se despojó a sí mismo,
>   tomando forma de siervo,
>   hecho semejante a los hombres;
> y estando en la condición de hombre,
>   se humilló a sí mismo,
>   haciéndose obediente hasta la muerte,
>   y muerte de cruz.
> Por lo cual Dios también le exaltó hasta lo sumo,
>   y le dio un nombre que es sobre todo nombre,
> para que en el nombre de Jesús se doble toda rodilla
>   de los que están en los cielos, y en la tierra,
>   y debajo de la tierra;
> y toda lengua confiese que Jesucristo es el Señor
>   para gloria de Dios Padre".

La frase clave en la primera mitad de este pasaje es: "se humilló a sí mismo" (Flp 2.8). El término "humillar" usado por Pablo, es el mismo que usó Jesús en su historia a los discípulos en Lucas 14.7-11. Jesús enseñó humildad porque era la esencia de lo que Él era. Este era el plan de Dios para la vida de su Hijo. La frase clave en la segunda mitad de estos versículos es: "Dios también le exaltó" (v. 9). La palabra "exaltar", que usa Pablo, es también la que usa Jesús en su historia de Lucas. Dios exaltó a su Hijo después que Jesús se humilló a sí mismo en obediencia muriendo en la cruz. Pedro, que estaba presente mientras Jesús enseñaba esta lección de humildad descrita en Lucas 14, le dijo a los primeros cristianos: "Humillaos, pues, bajo la poderosa mano de Dios, para que él os exalte cuando fuere tiempo" (1 P 5.6).

Los líderes servidores de la iglesia se humillan en obediencia a Cristo. La

Haya, pues, en vosotros este sentir que hubo también en Cristo Jesús (Filipenses 2.5).

exaltación es una elección de Dios, no nuestra. Los guías deben tener el espíritu humilde de Cristo y deben estar dispuestos a sentarse en los últimos lugares. Dios escogerá a los que estarán al frente.

EVALUACIÓN PERSONAL

Dedique un tiempo en oración, a considerar sus respuestas a las siguientes preguntas:

- ¿Soy confiable como líder porque las personas me ven como un siervo? ❏ Sí ❏ No
- ¿Estoy dispuesto a esperar la invitación del anfitrión para sentarme a la mesa principal? ❏ Sí ❏ No
- ¿Ven las personas la humildad de Cristo en mi vida? ❏ Sí ❏ No
- ¿Es realmente Jesús el Señor de mi vida? ❏ Sí ❏ No
- ¿Estoy dispuesto a humillarme como Jesús, para permitirle a Dios que cumpla su plan en mi vida? ❏ Sí ❏ No

PRINCIPIOS DEL LIDERAZGO DEL SERVIDOR:

Principio 1. Los líderes servidores se_____ y esperan que Dios los _____.

SUMARIO

- El primer principio del liderazgo en el servicio es: Los líderes servidores se humillan y esperan que Dios los exalte.
- El verdadero liderazgo comienza con un corazón de servidumbre.
- Jesús enseñó a los discípulos a no buscar lugares en la mesa principal.
- Jesús debe ser su Señor antes que usted sea un líder servidor como Él.
- Jesús dio el ejemplo de un corazón de siervo en su encarnación y crucifixión.

[2]J. Oswald Sanders, *Spiritual Leadership*. (Chicago: Moody Press,1967,) 13
[3]Robert K. Greenleaf, *Servant Leadership*. (Mahwah, NJ: Paulist Press, 1977) 10.
[4]Sanders. *Spiritual Leadership*, 13.
[5]William F. Arndt and Wilbur F. Gringrich. *A Greek-English Lexicon of the New Testament and Other Early Christian Literature* (Chicago: University of Chicago Press, 19957), 812

De nuevo veamos el versículo para memorizar esta semana. Mientras completa el trabajo de hoy, lea varias veces en voz alta estas palabras de Jesús. Tenga unos momentos a solas con Dios y escúchele hablar a su corazón acerca del liderazgo del servidor.

"Porque el Hijo del Hombre no vino para ser servido, sino para servir, y para dar su vida en rescate por muchos" (Marcos 10.45).

Enseñanzas de Jesús sobre el liderazgo (Segunda parte)

Servir a los demás es la primera cualidad que debe destacar a los líderes del mañana.[1]

Calvin Miller

USTED HOY:

- Observará la petición que Jacobo y Juan hicieron a Jesús.
- Definirá "grandeza" y "ser el primero" según las enseñanzas de Jesús.
- Descubrirá los principios segundo y tercero del liderazgo del servidor.
- Reflexionará en el relato bíblico que aparece en Marcos 10 y escribirá cómo llegar a ser grande y primero.

Si está buscando líderes usted no escogería a Bob de entre una multitud. Él no ganaría la competencia del "más guapo" ni "el mejor vestido". Bob es quien da mantenimiento a las computadoras centrales de una importante compañía. Trabaja en un edificio de alta tecnología asegurándose que las computadoras funcionen como están programadas para hacerlo. En la iglesia es igual. Dedica su vida al servicio del cuerpo de Cristo. Nunca está al frente a no ser que sus obligaciones se lo demanden. Resuelve tranquilamente los asuntos con los involucrados. Nunca forma problemas en un programa para toda la iglesia. Ha servido como líder. Durante cinco años ha dirigido un estudio bíblico semanal para hombres y ha sido diácono. Dirige el coro de campanas de nuestra iglesia; además guía a un grupo que los domingos en la tarde se dedica a memorizar las Escrituras. Dudo que muchos de los miembros de nuestra iglesia conozcan a Bob, pero es un líder servidor como los que define Jesús. Dirige sirviendo.

Probablemente usted tenga a un Bob en su iglesia. La prioridad de esta persona es servir a otros. Este tipo de liderazgo nace del servicio a los demás.

Jesús redefinió la grandeza y ser el primero cuando declaró: "Pero no será así entre vosotros, sino que el que quiera hacerse grande entre vosotros será vuestro servidor, y el que de vosotros quiera ser el primero será siervo de todos" (Mc 10.43-44). Usted es grande cuando sirve. Es primero cuando es un esclavo. Jesús enseñó esto a sus discípulos más allegados. Estos hombres aceptaron el llamado de Jesús a seguirle y después que Cristo ascendió a la diestra del Padre, pasaron a ser líderes de otros en el trabajo de Dios. La forma en que entendieron el liderazgo en el pueblo de Dios determinó cómo viviría el pueblo unido del reino en las generaciones venideras.

Jesús les enseñó acerca de la grandeza y cómo ser el primero después que Jacobo y Juan le pidieron un favor. Veremos qué sucedió para que Jesús enseñara a sus discípulos acerca del liderazgo del servidor.

Usted es grande cuando sirve. Es primero cuando es un esclavo. Jesús enseñó esto a sus discípulos más allegados.

JACOBO, JUAN Y USTED

Lea Marcos 10.32-40. Después de leer este pasaje conteste las siguientes preguntas:

1. ¿Qué le preguntaron Jacobo y Juan a Jesús? (Mc 10.37)

_____

2. ¿Qué dijo Cristo que provocara esta pregunta? (Mc 10.33-34)

_____

3. ¿Cuál fue la respuesta del Señor a la pregunta de ellos? (Mc 10.38)

_____

4. ¿Cómo respondieron Jacobo y Juan a los comentarios de Jesús? (Mc 10.39)

_____

5. ¿Finalmente qué les contestó el Maestro? (Mc 10.39-40)

_____

6. ¿Qué piensa usted de la petición de Jacobo y Juan? Escriba su opinión.

_____

Jacobo y Juan presintieron que algo sucedería en Jerusalén. Pensaron que Jesús se acercaba a su trono y egoístamente, querían dirigir al lado de Él desde posiciones poderosas. Estos discípulos pensaron que el liderazgo del reino significaba una posición o título. Dieron a conocer la ambición de sus corazones queriendo llegar a Jesús antes que nadie.

Pero antes de juzgar a los hijos de Zebedeo, recuerde que también nosotros nos parecemos mucho a ellos. Queremos lugares prominentes cuando el Señor venza a sus enemigos. Sin embargo, olvidamos que *antes de reinar con Él nos corresponde sufrir como Jesús*. Cristo quería que Jacobo y Juan supieran que seguirlo podía costarles sus vidas sin alcanzar por esto los lugares de honor en la mesa presidencial. Solamente el Anfitrión sabe quién se sienta allí.

**El segundo principio del liderazgo del servidor es:
Los líderes servidores siguen a Jesús y no a las posiciones.**

Calvin Miller ha destacado que el liderazgo del servidor "se nutre en el Espíritu siguiendo a Jesús. Por lo general, los líderes servidores no se crean mandando a otros, sino obedeciendo a su jefe. En tal ambiente, la arrogancia ejecutiva no es posible. El líder condescendiente siempre es una encarnación de Cristo, el verdadero líder de la iglesia".[2]

El liderazgo del servidor no tiene que ver con la posición o el poder. Entre los discípulos, los líderes siguen a Jesús mientras Él sirve a otros y sufre por ellos. El liderazgo del servidor requiere beber de la copa y ser bautizado con el bautismo del sufrimiento de Cristo (Mc 10.38-39).

LOS OTROS DIEZ DISCÍPULOS Y USTED

Lea Marcos 10.41-45. Póngase en el lugar de los otros diez discípulos que escucharon la petición de Jacobo y Juan y responda las siguientes preguntas:

Cristo quería que Jacobo y Juan supieran que seguirlo les costaría sus vidas y no les daría lugares de honor en la mesa presidencial.

1. ¿Se justificaban los sentimientos de los otros discípulos hacia Jacobo y Juan? (Mc 10.41) ❏ Sí ❏ No. ¿Por qué?

_____

_____

2. Cuando Jesús llamó al grupo, ¿cómo describió el concepto de liderazgo del mundo? (Mc 10.42).

_____

_____

3. Escriba su definición de "enseñorearse".

_____

_____

4. Escriba su definición de "ejercer potestad".

_____

_____

5. Jesús dijo que sus verdaderos discípulos no practican el liderazgo como el mundo lo hace. Llene el espacio en blanco con las palabras del Maestro que aparecen en Marcos 10.43.

"El que quiera hacerse _____ entre vosotros será vuestro_____, y el que de vosotros quiera ser el _____ será _____ de todos".

6. El prefijo "mega" de nuestro idioma surge de una palabra griega que significa grande. Nuestra palabra diácono viene del mismo idioma y significa "siervo". En el mundo antiguo, este "siervo" atendía a los comensales en las mesas. Basado en esta información escriba qué entiende por "grandeza" semejante a Cristo.

_____

_____

Jesús dijo que sus verdaderos discípulos no practican el liderazgo como el mundo lo hace.

7. El prefijo "proto" se obtiene de la palabra griega "primero", esto significa primero en una serie o línea. No existe una palabra en nuestro idioma que describa adecuadamente la palabra griega para "esclavo" (doulos) en este pasaje. Tal "esclavo" estaba en el más bajo nivel de la escala social. El amo lo compraba y vendía como si fuera un objeto. El "doulos" era un esclavo que servía al amo sin voluntad ni derecho a preguntas. No tenía derecho, ni privilegios, ni deseos, sólo acataban las órdenes del amo. Basado en esta información escriba qué cree acerca de ser el "primero" entre los discípulos de Jesús.

_____

El tercer principio del liderazgo del servidor es: Los líderes servidores
renuncian a sus derechos para encontrar grandeza sirviendo a otros.

Jesús redefinió "grandeza" y "ser el primero". Cuando usted hace a Jesús el amo de su vida, se convierte en el siervo de los demás. En el reino de Dios guiar es servir a otros y seguir al Rey.

JESÚS, EL LÍDER SERVIDOR

Jesús definió "grandeza" como la vida de un siervo. En la actualidad, ¿a qué se asemeja este cuadro de liderazgo? ¿Cómo siervos y esclavos pueden dirigir? La respuesta expone un verdadero dilema para un discípulo de Jesús.

Ni los siervos ni los esclavos definen el *liderazgo* en el diccionario del mundo. Muchas personas entienden la idea de ser un siervo y perder los derechos personales como muestra de una imagen negativa. Jesús vino para mostrar cómo es la vida en el reino de Dios y no a modificar cómo el mundo hace las cosas. Los métodos de Dios sólo dan buenos resultados en los corredores de la humanidad cuando el Señor reina en sus corazones. Cualquier seguidor de Cristo que quiera imitar a Jesús debe estar dispuesto a ser tratado como Él.

Algunos le seguirán. Otros le tirarán piedras.

Por ejemplo, Jesús dijo: "Porque el Hijo del Hombre no vino para ser servido, sino para servir, y para dar su vida en rescate por muchos" (Mc 10.45). Jesús fue un maestro que no sólo definía sus términos, sino que también ejemplificó lo que pedía que otros hicieran. Jacobo, Juan y los otros diez discípulos experimentaron lo que Cristo enseñó mientras que le siguieron hasta su muerte. Pronto aprendieron que el liderazgo del servidor fundamentalmente quiere decir: rendirse uno mismo para que otros tengan la vida que Dios desea para ellos.

¡Jesús merece el servicio de los que creó! Cristo, por supuesto, vino a servirnos. Vino a dar su vida en rescate para que pudiéramos ser libres de la pena por el pecado. En el mundo antiguo, el rescate era un pago para liberar a un esclavo o prisionero.[3] Como el Hijo del Hombre, Jesús vio su vida como un sacrificio para que otros pudieran beneficiarse.

Jesús es nuestro único y verdadero modelo del liderazgo del servidor. Él sirvió dando su vida por ellos. Su única misión era liberar a otros, no ganar posiciones. Eso es un misterio para el mundo, pero este es el corazón del liderazgo del reino. Cualquiera que quiera liderear en el cuerpo de Cristo, debe someterse a su señorío. Sólo así entenderá en qué consiste la grandeza del siervo y la prioridad del esclavo.

EVALUACIÓN PERSONAL

Jesús respondió a los deseos de sus discípulos y les enseñó el liderazgo del servidor. Considere sus respuestas a las siguientes afirmaciones. En actitud de oración, escriba sus sentimientos y pensamientos.

Soy como Jacobo y Juan porque yo...

_____

_____

Soy como los otros diez discípulos porque yo...

_____

_____

Cualquier seguidor de Cristo que quiera imitar a Jesús debe estar dispuesto a ser tratado como Él. Algunos le seguirán. Otros le tirarán piedras.

Esta semana puedo ser "grande" como un siervo porque...

_____

_____

Esta semana puedo ser el "primero" como un esclavo porque...

_____

_____

PRINCIPIOS DE LIDERAZGO DEL SERVIDOR

Principio 1. Los líderes servidores se _____ y esperan que Dios los _____.

Principio 2. Los líderes servidores _____ a Jesús y no a las _____.

Principio 3. Los líderes servidores renuncian a sus _____ para encontrar grandeza _____ a otros.

SUMARIO:

- El segundo principio del liderazgo en el servicio es: Los líderes servidores siguen a Jesús y no a las posiciones.
- El tercer principio de liderazgo en el servicio es: Los líderes servidores renuncian a sus derechos para encontrar grandeza sirviendo a otros.
- Jesús redefinió la grandeza y cómo ser el primero cuando declaró: "El que quiera hacerse grande entre vosotros será vuestro servidor, y el que de vosotros quiera ser el primero será siervo de todos" (Mc 10.43-44).
- Jacobo y Juan pensaron que el liderazgo del reino significaba una posición o título.
- ¡Jesús merece que los que Él creó lo sirvan! Sin embargo, Él no vino para ser servido, sino para servir. Vino para dar su vida como rescate para liberar a otros.

[1]Calvin Miller. _The Empowered Leader: 10 Keys to Servant Leadership_ (Nashville: Broadman & Holman, 1995) 17.
[2]Ibid. 18
[3]Arndt and Gingrich, 483.

De nuevo veamos el versículo para memorizar esta semana. Mientras completa el trabajo de hoy, lea estas palabras y entonces tómese unos momentos para escuchar a Dios.

"Porque el Hijo del Hombre no vino para ser servido, sino para servir, y para dar su vida en rescate por muchos" (Mc 10.45).

Ahora cubra el versículo, y trate de escribirlo de memoria en este espacio. No se preocupe si no puede completarlo. Al final de esta semana Dios dejará las palabras firmemente sembradas en su corazón, ampliando su significado.

El modelo de liderazgo de Jesús

Los líderes cristianos deben adoptar el estilo de liderazgo de Jesús, quien lavó los pies de sus discípulos. Es interesante que "el antiguo estilo" está tan al día como cualquier teoría moderna de liderazgo.[1]

Leith Anderson.

USTED HOY:

- Descubrirá los principios cuarto y quinto del liderazgo del servidor.
- Descubrirá el poder del liderazgo del servidor examinando lo que Juan dijo acerca de Jesús antes que este lavara los pies de sus discípulos.
- Observará cómo Cristo dejó su lugar en la mesa y le lavó los pies a sus discípulos.
- Evaluará la actitud de líder acerca de "lavar los pies a los otros".
- Examinará sus conocimientos sobre el ejemplo de Jesús en cuanto al liderazgo del servidor.

EL PODER DEL LIDERAZGO EN EL SERVICIO

¿Dónde encuentra usted el poder para servir a otros? Si su "ego" está en guerra con Dios, ¿cómo puede romper el cautiverio del provecho propio para servir a los que lo rodean? Juan 13 nos narra la historia de la última cena de Jesús con sus discípulos. En esa ocasión, al lavar los pies de sus discípulos, Jesús ejemplificó el liderazgo del servidor, de forma que se aplique en todo tiempo. Juan, inspirado por el Espíritu Santo, observó algunas cosas de Jesús antes que Él tomara la toalla y el lebrillo. *Estos hechos revelan el secreto de arriesgar el liderazgo del servidor.*

Lea Juan 13.3. Escriba oraciones que describan lo que Jesús sabía acerca de Él mismo en ese momento.

1. _____

2. _____

3. _____

Jesús sabía que "el Padre le había confiado todo bajo su poder". Sabía que Dios tenía el control de su vida y ministerio. Jesucristo conocía su lugar como Hijo de Dios. Jesús sabía que "venía de Dios". Confiaba en que lo que hacía era parte del plan de Dios para su vida. Jesucristo sabía que "regresaría a Dios". Sabía que regresaría a su lugar eterno como Dios en los cielos. Al conocimiento de Jesús sobre estas realidades, escribió Juan, precedió el hecho

Jesús ejemplificó el liderazgo del servidor, de forma que se aplique en todo tiempo.

de tomar el lebrillo y la toalla. Confiado en estos hechos, Jesús pudo establecer el modelo de lo que Dios le mandó a hacer: Servir a otros y dar su vida. Haga un círculo al número que represente su confianza en Dios en estas áreas de su vida (el 1 es lo más parecido a usted, y el 5 lo menos semejante).

1. Creo que en Cristo, Dios me ha dado el poder de servir a otros.

    1 2 3 4 5   (Véase Ef 2.6-7 para conocer su lugar "en Cristo")

2. Creo que Dios me creó y tiene un plan para mi vida.

    1 2 3 4 5

3. Creo que cuando muera, iré a estar con Dios.

    1 2 3 4 5

Estos hechos de fe son la fuente de poder que le permite arriesgarse a guiar a otros como un siervo. Sólo cuando confía en que Dios tiene absoluto control de su vida, es que usted puede arriesgarse y olvidarse de sí mismo para servir a otros. Si no es así, no tiene otra posibilidad que proteger su "ego" y defender sus derechos.

> **El cuarto principio del liderazgo del servidor es:**
> **Los líderes servidores se arriesgan a servir a otros**
> **porque confían en que Dios controla sus vidas.**

Jesús sabía que su poder venía de Dios. Sabía que venía de Dios y regresaría a Él. El secreto de arriesgarse al practicar el liderazgo del servidor es la seguridad de que Dios está controlando su vida.

EL MINISTERIO DE LA TOALLA

En mi oficina tengo una toalla con betún de zapatos, sólo la uso cuando escogemos a los diáconos de nuestra iglesia. En ese caso, me arrodillo y sacudo el polvo de sus zapatos frente a la congregación. Lo hago por dos razones: (1) Recordar mi papel de líder servidor; y (2) que cada uno de ellos recuerde el ejemplo que Cristo nos dio cuando le lavó los pies a sus discípulos.

La noche en que fue entregado, Jesús ejecutó dos actos simbólicos para sus seguidores. Tomó una toalla y un lebrillo y lavó sus pies. También, tomando pan y vino de la comida de la pascua, anunció un nuevo pacto entre Dios y su creación mediante la sangre de Jesús.

Cuando el Maestro le pidió a sus discípulos que prepararan la comida de la pascua, no les pidió que emplearan a un siervo. Él quiso que sus seguidores más cercanos aprendieran una importante lección.

Lea Juan 13.4-11. Con sus palabras, describa qué hizo Jesús.

_____

_____

1. Cuando Jesucristo se acercó a Pedro, "el pescador de hombres", este se opuso. ¿Por qué piensa que Pedro dijo eso? (Jn 13.6-8). ¿Cómo lo relaciona con lo que él dijo?

El secreto de arriesgarse a practicar el liderazgo del servidor consiste en la seguridad de que Dios controla sus vidas.

2. ¿Cómo respondió Jesús a la resistencia de Pedro? ¿Qué le dijo? (Jn 13.7-8)

_____

_____

Jesús sorprendió a sus seguidores cuando dejó la mesa presidencial y fue donde los sirvientes trabajaban. Se quitó su manto y tomando una toalla se la ciñó. Llenó un lebrillo con agua y comenzó a lavar los polvorientos pies de sus amigos. Este no era su trabajo. Él era Maestro y Señor. Aun así, Jesús redefinió lo que hacen los líderes: Los líderes satisfacen las necesidades. Los seguidores de Jesús tenían los pies sucios y nadie estaba dispuesto a lavarlos. Tenían una necesidad, pero nadie iba a dejar su puesto para satisfacerla.

Jesús ejemplificó el liderazgo del servidor cuando dejó su lugar en la mesa y se arrodilló para satisfacer la necesidad. La respuesta de Pedro reveló que no había comprendido. Nadie lo comprende. Jesús solamente pudo decir: "Tu entenderás después". Cristo, descendiendo de la cena pascual a la toalla y el lebrillo trazó un paralelo con el descenso del cielo a la cruz (Flp 2.5-11). Sus acciones mostraron lo que ya había enseñado acerca de ser el más grande y el primero (Mc 10.35-45). El Maestro mostró en el aposento alto lo que había explicado anteriormente en el camino a Jerusalén.

El quinto principio del liderazgo del servidor es:
Los líderes servidores imitan a Cristo tomando la toalla de servidumbre de Jesús para satisfacer las necesidades de otros.

Nota importante. Satisfacer las necesidades no significa acceder a los deseos de las personas. Jesús se arrodilló a los pies de Pedro como un siervo, pero no permitió que la preferencia de Pedro lo alejara de cumplir su misión. Este apóstol no se salió con la suya. Servir no significa falta de determinación o comprensión. Los siervos no pueden titubear al cumplir los deseos de su amo.

A veces los líderes deben mostrar la necesidad antes de satisfacerla. ¡Los padres bañan a sus hijos aunque los niños piensen que estar limpio no es importante!

Otra nota importante: Jesús lavó los pies de Judas, el discípulo que lo traicionaría con un beso. El Maestro lavó los pies de Judas aunque sabía que él lo entregaría a los líderes religiosos para ser crucificado. La mayor prueba de liderazgo del servidor es lavar los pies de los que sabe que lo van a traicionar.

Jesús fue un ejemplo de lo que significa el liderazgo del reino. El que busque ser líder como Jesús, debe estar dispuesto a servir y arrodillarse a los pies sucios de otros. A veces quiere decir manifestar una necesidad para satisfacerla. Otras veces significa humillarse ante los que lo entregarán a sus enemigos.

UN EJEMPLO A SEGUIR

Lea Juan 13.12-17. Cuando Jesús terminó de lavar los pies de los discípulos, se puso el manto y volvió a su lugar en la mesa. De esta manera esce-

La mayor prueba del liderazgo del servidor es lavar los pies de los que usted sabe que pronto le van a traicionar.

nificó su enseñanza. Quería saber si sus estudiantes lo habían entendido. (Juan 13.12). Jesucristo estaba de acuerdo con sus seguidores en que Él era su Maestro y Señor.

    1. ¿Qué dijo Cristo después de eso? (Jn 13.14)

_____

Jesús dijo que Él era el Maestro y Señor de sus discípulos. Dijo también que ellos debían hacer lo que Él les ordenaba y que debían lavarse los pies "los unos a los otros" (Jn 13.14)

    2. Escriba algunas formas en que usted podría "lavar los pies" de aquellos que conoce.

_____

Jesús dijo que Él había dado el ejemplo a seguir por los discípulos (Jn 13.15). La palabra *ejemplo* significa "mostrar a los ojos como si fuera una ilustración o advertencia".[1] Cristo mostró la conducta que Él quería que sus seguidores imitaran.

    3. ¿Cómo concluyó Jesús su lección de liderazgo del servidor? ¿Qué verdades afirmó? (Jn 13.16).

_____

    Jesús dijo: "Porque ejemplo os he dado, para que como yo os he hecho, vosotros también hagáis" (Juan 13.15). Los líderes del reino de Dios deben revisar dónde se sientan y qué usan. Si usted no está usando una toalla para servir de rodillas a los pies de otros, está en el lugar equivocado.

    Los líderes del reino de Dios se arrodillan, se visten como sirvientes y satisfacen las necesidades de los seguidores.

    4. Jesús hizo una promesa a sus discípulos al final de la lección. ¿Cuál fue? (Jn 13.17)

_____

Jesús dijo que recibiremos bendiciones cuando sirvamos a otros como Él lo hizo. Dios bendice a los que toman la toalla y el lebrillo al igual que su Hijo.

EVALUACIÓN PERSONAL

Piense en lo que ha aprendido en el estudio de hoy y ponga una V (Verdadero) o F (Falso) al lado de cada una de las oraciones a continuación:

    ___ 1. Usted puede ser un líder servidor si decide imitar a Jesús.

    ___ 2. Usted puede arriesgarse a ser un líder servidor cuando Dios está en control de su vida.

    ___ 3. Los símbolos del liderazgo semejante a Cristo son la toalla y el lebrillo.

    ___ 4. Los líderes servidores se arrodillan para servir.

    ___ 5. Jesús debió honrar la petición de Pedro no lavándole sus pies.

    ___ 6. Si el Maestro tomó una toalla, también deben hacerlo sus seguidores.

    ___ 7. Jesús lo bendecirá si hace lo que Él hizo.

    ___ 8. Usted puede servir a otros cuando confía en que Dios está contro-

Si usted no está usando una toalla para servir de rodillas a los pies de otros, está en el lugar equivocado.

lando su vida y que Él es su principio y fin.

___ 9. Un guía es un modelo de liderazgo en el servicio cuando deja su lugar en la mesa presidencial, toma sus herramientas de servicio y se arrodilla a los pies de los necesitados para ayudarlos.

___ 10. Con su reacción, la noche en que fue entregado, Jesús representó la muerte en la cruz.

PRINCIPIOS DEL LIDERAZGO DEL SERVIDOR

Principio 1: Los líderes servidores se _____ y esperan que Dios los _____.

Principio 2: Los líderes servidores _____ a Jesús y no a las_____.

Principio 3: Los líderes servidores renuncian a sus _____ para encontrar grandeza _____ a otros.

Principio 4: Los líderes servidores pueden arriesgarse a servir a otros porque _____ en que Dios _____ sus vidas.

Principio 5: Los líderes servidores imitan a Cristo tomando la toalla de _____ para satisfacer las necesidades de_____.

SUMARIO

- El cuarto principio del liderazgo del servidor es: Los líderes servidores pueden arriesgarse a servir a otros porque confían en que Dios controla sus vidas.
- El quinto principio del liderazgo del servidor es: Los líderes servidores imitan a Cristo tomando la toalla de servidumbre de Jesús para satisfacer las necesidades de otros.
- Cuando Jesús lavó los pies de sus discípulos, mostró cómo debe ser el liderazgo del servidor.
- Usted debe imitar a Jesús cuando guía a otros.

Respuestas a las oraciones V/F:
1.F; 2.V; 3.V; 4.V; 5.F; 6.V; 7.V; 8.V; 9.V; 10.V.

[1]Leith Anderson. *Dying for Change.* (Minneapolis: Bethany House,1990), 192.
[2]A.T. Robertson. *Word Pictures in the New Testament*, vol. 5 (Nashville: Sunday School Board of the Southern Baptist Convention, 1932), 240.

De nuevo veamos el versículo para memorizar esta semana. Se omitieron algunas palabras para que usted las escriba. No se preocupe si necesita ayuda, simplemente vuelva a la página 5.

"Porque el Hijo del Hombre no vino para _____, sino para servir, y para dar _____ en rescate por muchos" (Mc _____).

¡Necesitaban siervos!

Delegar, es una de las formas que tiene un líder para unir lo dicho con lo hecho. Es un valioso método para fomentar la participación de otros, desarrollarse y alcanzar su potencial.[1]

Max DePree

USTED HOY:

- Descubrirá cómo los líderes de la iglesia primitiva resolvieron una apremiante necesidad ministerial involucrando a otros en el liderazgo.
- Examinará las sugerencias del suegro de Moisés, para que fuera un líder más eficiente.
- Comprenderá los principios sexto y séptimo del liderazgo del servidor.
- Evaluará su función como un líder servidor que delega en otros para dirigir juntos.

Ed me ayuda con mi traje para bautizar. Cada vez que bautizamos a alguien él está allí. En silencio ayuda a los hombres en el vestidor. Siempre que llego me está esperando con el traje en la mano. Pacientemente, esta vez con una toalla en la mano, me espera al regreso del bautisterio. Nadie ve el trabajo que hace, excepto los que él ayuda. Semanalmente, con su esposa Nancy, llevan las túnicas mojadas para lavarlas y secarlas en su casa y las traen limpias para el próximo domingo. En los tiempos del Nuevo Testamento, un diácono era alguien que servía en las mesas. Ed se ocupa de este trabajo. Entre esas dos actividades no veo diferencia alguna.

Escriba el nombre de alguien en su iglesia que sirva, igual que Ed y Nancy: _____. ¿Ha pensado usted en esta persona como un líder servidor?_____ ¿Le ha dado las gracias recientemente?_____ Si no lo ha hecho, escríbale o llámelo por teléfono.

UN COMPAÑERISMO ESPECIAL

Después que Cristo ascendió a los cielos, derramó su Espíritu en los suyos, el día de pentecostés. La iglesia creció rápidamente. Dios trajo personas de todas las razas y costumbres. Los nuevos creyentes vivían unidos en compañerismo cristiano y compartían todo lo que tenían.

Lea Hechos 2.42-47. Complete las siguientes frases que describen la vida de los creyentes después que Dios derramó su Espíritu Santo el día de pentecostés.

Versículo 42: "Y perseveraban en

_____

Versículo 43: "Y sobrevino temor a

_____

Versículos 44 y 45: "Todos los que habían creído estaban juntos, y

Versículos 46 y 47: "Y[...] cada día

DOS AMENAZAS A LA UNIDAD

La iglesia en Jerusalén experimentó un gran crecimiento y compañerismo con la presencia del espíritu de Dios en la vida de las personas. Pero mientras la iglesia crecía, dos padecimientos internos amenazaban con detener el movimiento cristiano.

La hipocresía fue la primera amenaza interna de la iglesia. En Hechos 5.1-11, se nos narra la historia de cómo Ananías y Safira creyeron que podían mentirle a Dios y aun así participar en el trabajo de la iglesia. Dios juzgó rápida y decisivamente sus hechos. Él no tolera la hipocresía entre su pueblo. La iglesia aprendió que Dios demanda la santidad. "Vino gran temor (de Dios) sobre toda la iglesia" (Hch 5.11).

Las murmuraciones eran la segunda amenaza interna. Mientras la iglesia crecía, sus necesidades aumentaban también. Hechos 6.1 nos dice cómo los apóstoles no habían satisfecho las necesidades de ciertos miembros de la iglesia. La gente murmuraba. A veces, murmurar quiere decir que por negligencia los líderes descuidaron resolver adecuadamente una necesidad. La iglesia no tenía suficientes líderes para supervisar la distribución diaria de alimentos. La incapacidad de los apóstoles para servir a todos los miembros, trajo como resultado división y murmuraciones.

¡NECESITABAN SIERVOS!

Lea Hechos 6.1-6. ¿Qué sugirieron los apóstoles para resolver esta necesidad de la iglesia? Escriba sus respuestas a continuación:

(v.2) _____

(v.3) _____

(v.4) _____

Como líderes, los apóstoles vieron su papel como ministros de la palabra de Dios. Su función en la iglesia era conocer, predicar y enseñar a obedecer lo que había mandado Jesucristo. Eso fue lo que Jesús les ordenó que hicieran (Mt 28.19-20). Ellos también eran responsables del bienestar de los hermanos. La iglesia tenía algunos miembros con necesidades no satisfechas. Descuidarlas significaba traer divisiones y dolor al cuerpo. Con sabiduría, los apóstoles delegaron las responsabilidades de estas demandas entre los miembros capacitados de la iglesia. Delegaron estas responsabilidades, con la autoridad apropiada, entre siete miembros que estaban "llenos del Espíritu Santo y de sabiduría" (Hechos 6.3). Estos varones debían "servir a las mesas" de los miembros necesitados, para que los apóstoles pudieran continuar mi-

A veces, murmurar quiere decir que por negligencia los líderes descuidaron resolver adecuadamente una necesidad.

nistrando la palabra de Dios. La palabra "ministro", que significa lo mismo que *siervo*, fue usada por Jesús cuando dijo que entre sus seguidores los grandes debían servir a otros (Mc 10.44). Los apóstoles multiplicaron su liderazgo delegando algunas de sus responsabilidades y autoridad para satisfacer las necesidades de la congregación.

El sexto principio del liderazgo del servidor es:
Los líderes servidores delegan responsabilidades y autoridad en
otros para satisfacer necesidades mayores.

Calvin Miller escribe: "Un buen líder nunca entrega el liderazgo. Sin embargo, se dividen los premios y responsabilidades del liderazgo".[2] Kennon Callahan nos recuerda que debe haber un balance entre la autoridad delegada y la responsabilidad. Señala que "más autoridad y menos responsabilidades ayudan a incrementar el liderazgo; menos autoridad y más responsabilidades ayudan a desarrollar una conducta pasiva".[3] Los apóstoles delegaron la suficiente autoridad como para que los siete tomaran decisiones que satisficieran a los necesitados.

En la quinta semana observaremos cómo Jesús delegó en sus discípulos autoridad para satisfacer la mayor necesidad: Evangelizar el mundo. Mateo 28.18 nos señala las palabras de Jesús a sus seguidores: "Toda potestad me es dada en el cielo y en la tierra. Por tanto id[...]". Jesus le dio a sus seguidores la autoridad antes de darles la responsabilidad de hacer discípulos (Mt 28.19-20). Jesús delegó en sus discípulos la autoridad y responsabilidad para proclamar el evangelio alrededor del mundo.

EL DISCERNIMIENTO DE UN SUEGRO

Los principios de delegar y dar poder no son nuevos. Después del éxodo, Moisés fue responsable de guiar a los hijos de Israel a la tierra prometida. Una de las responsabilidades era tomar las decisiones relativas a las disputas entre las personas. El único problema era que habían ¡millones de personas! Moisés se sentaba desde la mañana hasta la tarde solucionando discrepancias (Éx. 18.13-16).

Lea Éxodo 18.17-18. ¿Qué observación le hizo Jetro a Moisés respecto a cómo estaba dirigiendo al pueblo?_____

_____

_____

_____

Cuando los líderes tratan de dirigir solos, agotan a sus seguidores y se cansan ellos. Los líderes de muchas iglesias se "queman" porque piensan que son los únicos que pueden hacer el trabajo. Ser dueño de la responsabilidad de una tarea no significa que usted tiene que hacerla solo. Los líderes servidores saben que son más eficientes cuando confían en otros para trabajar con ellos. Los

Los líderes servidores saben que son más eficientes cuando confían en otros para trabajar con ellos.

buenos líderes preparan a otras personas capaces para que los ayuden a llevar a cabo sus responsabilidades.

Lea Éxodo 18.19-23. ¿Qué le sugirió Jetro a Moisés para satisfacer a los necesitados y además realizar su responsabilidad de líder?

(v. 20) _____

(v. 21) _____

(v. 22) _____

Moisés escuchó a su suegro, enseñó a otros y escogió jueces que juzgaran la nación. Moisés delegó la responsabilidad y autoridad a los jueces para satisfacer las necesidades del pueblo. Carl George le llama: "El principio Jetro".[4] George cree que este método de delegar el ministerio aún da buen resultado en la iglesia. De acuerdo con él, este es el mejor modo de ocuparse de un gran número de personas.

> **El séptimo principio del liderazgo del servidor es:**
> **Los líderes servidores multiplican su liderazgo**
> **delegando en otros responsabilidades para dirigir.**

Moisés y los apóstoles de Jesús suplieron una necesidad al delegar en otros líderes autoridad y responsabilidades. Pablo también aplicó este principio. El apóstol mandó a Timoteo a hacer con otros lo mismo que él le había enseñado: "encarga a hombres fieles que sean idóneos para enseñar también a otros" (2 Ti 2.2).

Jesús multiplicó su liderazgo al darle poder del Espíritu Santo a sus discípulos. Les dijo: "Recibiréis poder, cuando haya venido sobre vosotros el Espíritu Santo, y me seréis testigos[...]" (Hch 1.8). Dar poder siempre viene antes que la misión. Jesús le dio su Espíritu Santo a los discípulos para que tuvieran el poder de testificar quién era Él y por qué el Padre lo había enviado.

RESULTADOS DEL LIDERAZGO DELEGADO

Según Jetro, si Moisés hacía lo que él le dijo, ¿cuáles serían los resultados? (Éx 18.23). _____

_____

_____

Según Hechos 6.7, ¿que pasó cuando los apóstoles delegaron en los siete la responsabilidad de satisfacer las necesidades de los miembros de la iglesia?

_____

_____

Uno de los beneficios de delegar en otros es que el líder sufre menos tensión emocional y tiene más seguidores satisfechos. El resultado es un crecimiento y cuidado saludables. También tendrá más ministerios y líderes concentrados en su labor. Los líderes sirven nombrando a otros que dirijan junto a ellos.

Jesús siguió estos principios de liderazgo cuando escogió, preparó y envió a los discípulos a edificar el reino de Dios. Mateo 10 nos narra esta parte de la historia.

EVALUACIÓN PERSONAL

Marque el cuadro que mejor describa sus sentimientos honestos acerca del liderazgo.

❏ Como líder estoy cansado y agotado.

❏ Me siento como si fuera el único que puede hacer lo que se me pidió.

❏ Nombrar e instruir a otros me llevará mucho tiempo y mi trabajo nunca se hará.

❏ Soy feliz al delegar en otros algunas de mis responsabilidades para que disfruten conmigo el liderazgo.

❏ Tengo muchas responsabilidades y poca autoridad.

❏ Me prepararon para ser líder y me siento bien con lo que me pidieron que hiciera.

❏ Mi iglesia tiene suficientes líderes preparados para ayudar a satisfacer las necesidades de nuestra congregación.

¿Qué necesidades existen en su iglesia y comunidad que demanden buenos líderes? Menciónelas a continuación:

1._____   4._____
2._____   5._____
3._____   6._____

Haga un círculo alrededor del número próximo a las necesidades de las cuales usted es responsable de alguna forma. Haga una lista de miembros a quienes pueda preparar para ayudarlo a satisfacer esas necesidades.

1._____   4._____
2._____   5._____
3._____   6._____

Termine la sesión de hoy pidiéndole a Dios que le muestre cómo quiere que usted dirija. Pídale que le muestre a otros que puedan dirigir con usted.

PRINCIPIOS DEL LIDERAZGO DEL SERVIDOR:

Principio 1: Los líderes servidores se _____ y esperan que Dios los _____.

Principio 2: Los líderes servidores _____ a Jesús y no a las_____.

Principio 3: Los líderes servidores renuncian a sus _____ para encontrar grandeza _____ a otros.

Principio 4: Los líderes servidores pueden arriesgarse a servir a otros porque

_____ en que Dios _____ sus vidas.

Principio 5: Los líderes servidores imitan a Cristo tomando la toalla de _____ para satisfacer las necesidades de_____.

Principio 6: Los líderes servidores delegan sus _____ y _____ en otros para satisfacer necesidades mayores.

Principio 7. Los líderes servidores _____ su liderazgo _____ en otros responsabilidades para dirigir.

SUMARIO

- El sexto principio del liderazgo del servidor es: Los líderes servidores delegan responsabilidades y autoridad en otros para satisfacer necesidades mayores.
- El séptimo principio del liderazgo del servidor es: Los líderes servidores multiplican su liderazgo delegando en otros responsabilidades para dirigir.
- Los líderes servidores conocen su valor para el grupo y buscan permanecer concentrados en las cosas más importantes.
- Los apóstoles nombraron a otros para satisfacer las necesidades de la iglesia.
- Jetro ayudó a Moisés a dirigir cuando le sugirió que compartiera su liderazgo con hombres capaces.
- Dios quiere que usted divida su liderazgo con otros para que puedan experimentar el gozo del liderazgo del servidor.

[1]Max DePree. *Leadership Jazz*. (New York: Currency-Doubleday,1992),154.
[2]Miller, *The Empowered Leader*. 158.
[3]Kennon Callahan. *Effective Church Leadership*. (New York: Harper and Row, 1990), 157.
[4]Carl F. George. *Prepare Your Church for the Future*. (New York:Revell, 1991),121-25.

De nuevo veamos el versículo para memorizar esta semana. En esta ocasión con más palabras omitidas. Trate de completarlo sin buscar atrás.

"Porque el _____ del _____ no vino para _____, sino para servir, y para dar ___ _____ en rescate por muchos" (_____).

Dedique ahora unos momentos para escribir algunas oraciones sobre lo que Dios le haya dicho esta semana a través de este versículo, y cómo sus palabras tienen más significado en su vida.

Usted, el líder servidor

La mayoría de nosotros no tendría objeción de ser el amo, pero la servidumbre es poco atractiva.[1]

J. Oswald Sanders

USTED HOY:
- Revisará los siete principios del liderazgo del servidor.
- Recordará los sucesos y enseñanzas del ministerio de Jesús que son básicos para cada principio.
- En las próximas semanas se le invitará a comprometerse a vivir como un líder servidor.

Luisa era maestra de la escuela elemental. No estaba preparada para ser directora de un programa preescolar durante la semana, pero le encantaba enseñar a los niños. Los quería con todo su corazón. Abandonó la escuela pública para enseñar en el preescolar de nuestra iglesia. Después de dos años, la directora de la escuela se mudó a otro estado. Pero había visto en Luisa el amor por los niños y las cualidades de liderazgo de una buena directora. Le ofreció el trabajo y Luisa lo aceptó.

Ahora Luisa dirige un preescolar de ciento veinte estudiantes. Tiene un equipo de trece personas y una lista ¡kilométrica! de estudiantes en espera. Su ministerio con los niños llega a más familias que las que pudiera alcanzar un pastor. Luisa es una sierva líder porque en primer lugar ama a los niños y en segundo lugar, dirige a su equipo y programa. Ella cree que Jesús ama a los niños. El presupuesto, el equipo y el programa fluyen de esa convicción. Es fiel a su llamado. Dirigir es su forma de vivir ese llamado.

El liderazgo del servidor no es algo que se obtiene. No es trabajar para lograr una alta posición en la compañía. No es una selección de carrera ni un título que se alcanza. ¡No es algo que se obtiene después de un curso de seis semanas! *El liderazgo del servidor se desarrolla mediante una relación con el Maestro, que vino a servir y no para ser servido.* El corazón del siervo se desarrolla como resultado del tiempo que pasa con Jesús, aprendiendo de Él y obedeciéndolo. No hay libro, cinta o conferencia que sustituya un tiempo de preparación con el Señor.

Hoy queremos revisar los siete principios del liderazgo del servidor. Usted los escribirá y recordará los acontecimientos y enseñanzas de la vida de Jesús. Cuando termine, se le pedirá que se comprometa a pasar un tiempo con el Señor para aprender cómo vivir siendo un líder servidor.

REVISEMOS LOS SIETE PRINCIPIOS DEL LIDERAZGO DEL SERVIDOR
Mientras recuerda todo lo experimentado durante el estudio de esta semana, trate de recordar y escribir a continuación los siete principios. Si necesita

> *El corazón del siervo se desarrolla como resultado del tiempo que pasa con Jesús, aprendiendo de Él y obedeciéndolo. No hay libro, cinta o conferencia que sustituya un tiempo de preparación con el Señor.*

ayuda vuelva a leer el pasaje de las Escrituras.

El primer principio (basado en Lc 14.7-11): Los líderes servidores...

_____

El segundo principio (basado en Mc 10.32-40). Los líderes servidores...

_____

El tercer principio (basado en Mc 10.41-45). Los líderes servidores...

_____

El cuarto principio (basado en Jn 13.3). Los líderes servidores...

_____

El quinto principio (basado en Jn 13.4-11). Los líderes servidores...

_____

El sexto principio (basado en Hch 6.1-6). Los líderes servidores...

_____

El séptimo principio (basado en Éx 18.17-23). Los líderes servidores...

_____

USTED, EL LÍDER SERVIDOR

Regrese a los siete principios que ha escrito. Haga un círculo alrededor de los que parecen ser parte de su vida actual. Subraye los pasajes bíblicos que más le hayan enseñado acerca del liderazgo del servidor. Esté preparado para comentar al grupo sus respuestas en la próxima reunión.

Quizá ahora piense que este estudio estaba destinado para otra persona que no fuera usted. Tal vez crea que no es un líder en la iglesia ni tampoco lo será nunca. Sin embargo, a lo mejor ahora es un líder en la iglesia y este estudio ha desafiado todo lo que pensaba acerca del liderazgo. En cualquiera de los casos, aún está en el lugar apropiado. ¿Por qué? Por haber confiado en Cristo para que sea su Salvador y Señor, dos cosas son ciertas:

La primera verdad es: Si es un discípulo de Jesús está llamado a servir. A veces Dios llama para dirigir a otros, pero la presión del liderazgo termina cuando se sigue a Jesús. El servicio se convierte en su prioridad. Cualquier otro modelo se queda corto comparado con el ejemplo de Jesús. El liderazgo en el cuerpo de Cristo siempre debe seguir al servicio. Satisfacer las necesidades es su tarea más importante como un líder servidor.

La segunda verdad es: Usted fue creado por Dios, comprado por precio, llamado para un propósito y mandado a una misión. El triunfo ya ha sido alcanzado en la cruz y en la resurección de Cristo. Su éxito se mide por su servicio. Dios le creó para un propósito. Él lo compró mediante el precio de la muerte de su único Hijo (1 Co 6.20). El unigénito Hijo de Dios le ha comisionado para hacer discípulos (Mt 18.19-20), y ser su embajador (2 Co 5.20). Con esas credenciales, ¡quién necesita títulos o publicidad!

¿Ve? Esto es lo suyo. Dios quiere que usted sirva a su pueblo y a aquellos que necesitan saber de su amor. Este hecho también se aplica a ser un líder servidor en su familia.

Jesús lo ha llamado para que ante todo y más que todo sea un siervo. El liderazgo viene cuando el Anfitrión lo invita a sentarse a la mesa presidencial para guiar a otros en una sesión. La escuela para capacitar líderes en el cuerpo de Cristo requiere tomar la toalla y el lebrillo en la mano, y arrodillarse ante los pies de otros.

EVALUACIÓN PERSONAL

Considere, en oración, las siguientes expresiones. Marque las que representen sus sentimientos en este momento:

__1. Nunca me vi como un líder, pero después de esta semana de estudio creo que Dios quiere que yo sea un líder servidor en mi iglesia.

__2. He sido líder en la iglesia, pero este estudio me ha ayudado a ver mi función de una manera completamente nueva.

__3. Jesús es el Señor de mi vida, y me comprometo a seguir sus ejemplos y enseñanzas de liderazgo del servidor.

__4. Quiero continuar descubriendo el liderazgo del servidor. Prometo pasar tiempo con el Maestro, participar completamente en el estudio, aprender a vivir como un líder servidor y descubrir dónde quiere Cristo que yo sirva.

__5. No estoy seguro de lo que todo esto significa, pero estoy dispuesto a continuar buscando la voluntad de Dios para mi vida.

__6. No creo que quiero continuar este estudio. Estos conceptos son muy extraños para mí.

SUMARIO

- El liderazgo del servidor se desarrolla mediante una relación con el Señor que vino a servir y no a ser servido.
- Cuando usted sigue a Jesús cesa la presión que ocasiona dirigir. El servicio es su prioridad. El triunfo ha sido alcanzado en la cruz y en la resurrección de Cristo. Su éxito se mide por su servicio.
- Dios quiere que usted sirva a su pueblo y a los que necesitan conocer de su amor. Esto también se aplica siendo un líder servidor tanto en su familia como en los ministerios fuera de la iglesia.

[1] Sanders. *Spiritual Leadership*, 30.

La escuela para capacitar líderes en el cuerpo de Cristo requiere tomar la toalla y el lebrillo en la mano, y arrodillarse a los pies de otros.

Marcos 10.45
Usted ha repetido este versículo toda la semana. Ahora trate de escribirlo completamente. Memorizar las Escrituras no es fácil para muchas personas,. Haga lo mejor que pueda; revise lo que ha escrito y continúe agradecido por la bendición de tener la Palabra de Dios que está guardada para siempre en su corazón.

Anita nunca había dirigido un ministerio, pero estaba deseosa de servir. Después que nuestra iglesia hizo un estudio de los dones espirituales, Anita me dijo: "Dios quiere que me involucre en un ministerio de mujeres que han tenido abortos". Sintió que Dios la llamaba a dirigir un grupo de recuperación después del aborto. Ella misma había padecido y atravesado un proceso similar de recuperación, pero nunca había guiado un grupo así. Cuando comenzó a buscar la voluntad de Dios, sintió que la fuente principal de sus fuerzas venía de la seguridad de estar cumpliendo con Su voluntad. Él la fortalecería. Se preparó con la persona que la llevó al grupo de recuperación. Dios hizo que su corazón padeciera al igual que estas mujeres. Su entusiasmo la hizo seguir el llamado de Dios.

Anita es una líder servidora y se siente privilegiada viendo a Dios sanar a otras mujeres durante la recuperación de un aborto. Ella y una compañera de trabajo han escrito un manual llamado "Un nuevo capítulo" que es para dirigir grupos de recuperación después del aborto. Anita ha alentado a otros a dirigir ministerios similares en sus iglesias. Dios le ha dado un foro público para su llamado en la vida. Ha participado en programas de radio e incluso en una sesión con el director de una clínica de abortos para discutir las necesidades de las mujeres que han sufrido abortos.

Anita es un ejemplo del discípulo obediente al llamado de Dios, ¡y entonces descubrió que Él ya la había preparado para ese servicio!

La preparación comenzó mucho antes de saber que Él quería que fuera una sierva líder. Dios redimió la dolorosa experiencia de un aborto para ayudar a otras mujeres.

En esta semana usted:

- Descubrirá una perspectiva bíblica sobre cómo Dios lo ha preparado para servir (Primer día).
- Examinará la naturaleza bíblica de la iglesia y el propósito de los dones espirituales (Segundo día).
- Analizará el patrón bíblico para escoger los miembros que tienen dones para el servicio y hará un inventario del potencial de sus dones espirituales (Tercer día).
- Entenderá cómo Dios puede usar las experiencias de su vida preparándolo para ser un líder servidor. Usted registrará una señal espiritual importante en su vida (Cuarto día).
- Aprenderá cómo Dios obra en la vida de las personas preparándolas para el liderazgo del servidor y examinará su vida viendo cómo, a través de sus experiencias, Él cumple sus propósitos (Quinto día).

Veamos cómo Dios lo ha preparado para el liderazgo del servidor.

SEMANA 2
EL LÍDER QUE
S.I.R.V.E.
(PRIMERA PARTE)

VERSÍCULO
PARA MEMORIZAR
ESTA SEMANA

"Cada uno según el don que ha recibido, minístrelo a los otros, como buenos administradores de la multiforme gracia de Dios" *(1 Pedro 4.10).*

Dios lo ha preparado para que sea un líder que sirve.

USTED HOY:

- Aprenderá cómo Dios quiere que usted use lo que Él le ha dado.
- Examinará cómo Pablo, el apóstol, contempló sus logros.
- Analizará sus resultados a la luz de los principios bíblicos.
- Conocerá el significado de servir.
- Estudiará cómo Dios lo ha moldeado para ser un líder servidor.

PREPARADO PARA EL SERVICIO

Los líderes servidores saben quiénes son en Cristo Jesús. Confían en que Dios usa cada experiencia que se vive a fin de prepararlos para el ministerio. No necesitan un lugar en la mesa principal que les dé confianza. Sirven gustosamente en la cocina, porque Cristo tiene el control y ellos están en donde Dios los ha llevado. Confían en que Dios los ha preparado para servir con el fin de glorificar Su nombre, y no para obtener ganancias personales.

El mundo le pide que use todos sus recursos para alcanzar el éxito. Dios, por otro lado, dice que Cristo lo ha preparado para honrarle a Él.

Lea 1 Pedro 4.10 y entonces llene los espacios a continuación:

"Cada uno según el don que ha recibido, _____ como buenos _____ de la multiforme gracia de Dios".

La Biblia dice que use los dones espirituales que Dios le dio para servir a otros. Usted debe administrar la gracia de Dios y los dones de su vida "para que en todo sea Dios glorificado por Jesucristo"(1 P 4.11). Servir a otros es el objetivo de todos los dones de Dios.

Administrador significa *mayordomo*. Es un sirviente que tiene potestad sobre algunas posesiones del dueño. Como un líder servidor usted es mayordomo de la gracia de Dios en su vida. El apóstol Pablo entendió su papel y escribió a los cristianos en Éfeso acerca de la "administración de la gracia de Dios" que Él le había dado (Ef 3.2). La misión de Pablo era llevar el evangelio a los gentiles.

PERSPECTIVAS DE PABLO ACERCA DE LA VIDA

Pablo escribió que nada de lo que había hecho y ganado, comparado con el conocimiento de Cristo, tenía valor (Flp 3.7-8). Consideremos la actitud de Pablo acerca de sus logros.

Lea Filipenses 3.4-6. Vamos a suponer que usted entreviste a Pablo para que sea un ministro de su iglesia. Filipenses 3.4-6 y 2 Corintios 11.21-33 nos dan su *resumé (curriculum vitae)*. Haga una lista de las cosas que más le impresionan.

Servir es el objetivo de todos los dones que recibimos de Dios.

Filipenses 3.4-6   *2 Corintios 11.21-33*

_____   _____
_____   _____
_____   _____

Ahora entreviste a Pablo. Pídale que cuente algunas de sus experiencias y con la vista, siga las páginas de sus epístolas. En medio de la entrevista le dice que necesita explicarle algo y es que él escribió Filipenses 3.7-11. Lea ahora el pasaje. Al margen escriba qué piensa respecto a los sentimientos de Pablo, lo que hizo y lo que era. ¿Cómo le hace sentir eso? ¿Aun así lo emplearía?

Pablo consideraba que todo lo que había obtenido era "pérdida", la única "ganancia" era el conocimiento de Cristo.

Dedique un tiempo para escribir a continuación algunos de sus logros. ¿Los considera igual que Pablo, o los considera una ganancia en la vida? Haga un inventario de sus logros y pensando en el conocimiento que tiene de Cristo marque si los ve como ganancia o pérdida.

¿Qué piensa sobre los sentimientos de Pablo?

_____
_____
_____
_____

	Mis mayores logros	Ganancia	Pérdida
1.	_____	❑	❑
2.	_____	❑	❑
3.	_____	❑	❑

Haga una pausa y ore pidiendo que Dios lo ayude a saber que todo lo que usted es y tiene pertenece a Él. ¿Honestamente puede decir que algo de lo logrado es tan valioso como conocer a Cristo? Piense en Cristo como su Señor y Salvador.

LOS LÍDERES SERVIDORES SON LOS QUE DIOS HA PREPARADO PARA SER UN LÍDER QUE SIRVE

A manera de bosquejo vamos a usar el acróstico S.I.R.V.E. para aprender cómo Dios lo ha preparado para cumplir los propósitos del reino. Estas partes de su vida llegarán a ser la materia prima para el liderazgo del servidor. S.I.R.V.E. significa:

Dones e **S**pirituales: Dones que Dios le da a través del Espíritu Santo para fortalecerle en el servicio.

Exper **I**encias: Sucesos que Dios usa para moldearlo como un líder servidor.

Relacionarse: Rasgos de conducta que Dios usa para darle un estilo de liderazgo.

Vocación: Habilidades obtenidas, a través del estudio y la experiencia, que puede usar para servir a Dios.

Entusiasmo: Pasión que Dios le ha puesto en su corazón por un cierto ministerio que sirve a otros.

Dios obra en la vida de cada creyente. Su relación con Cristo, así como los cinco aspectos anteriores, se convierten en la materia prima que Dios utiliza para transformarlo en un líder siervo.

Estos aspectos de su vida se convierten en la materia prima que Dios utiliza para transformalo en un líder servidor.

Pablo fue un líder servidor. Dios lo preparó para llevar el evangelio de Jesucristo a todas las personas. El sometimiento de Pablo al liderazgo y la mayordomía de la gracia de Dios es el modelo que usted debe seguir. Observe qué hizo el Señor para preparar a Pablo.

Escoja la letra del acróstico S.I.R.V.E. que represente una parte del liderazgo del servidor. Ponga esa letra al lado de la oración que concuerde con la descripción de cómo Dios preparó a Pablo para servir.

__ 1. Dios, por medio de su Espíritu Santo, dotó a Pablo como profeta y maestro.

__ 2. Dios usó las experiencias de Pablo como fariseo para ayudarlo a entender el significado de la muerte, sepultura y resurrección de Cristo. El Señor usó la experiencia de conversión de Pablo y lo llamó al ministerio para convertirlo en un líder misionero.

__ 3. Dios le dio a Pablo un estilo para relacionarse que lo ayudaron en las pruebas y contrariedades que experimentó en su misión.

__ 4. Dios le dio inteligencia para interpretar las Escrituras a fin de presentar las buenas nuevas. También le permitió aprender cómo hacer tiendas. Esta habilidad fue un modo para sostener su trabajo para el ministerio de Dios.

__ 5. Dios "encendió" en Pablo la pasión para que los que no vivían en Israel también conocieran que Jesucristo es el Hijo de Dios.

Dios prepara a los líderes para *servir* en su misión. Él lo ha preparado a usted para que sea un líder servidor que cumple con los propósitos del reino.

Respuestas: 1. s; 2. i; 3. r; 4. v; 5. e

Haga que las definiciones de S.I.R.V.E. concuerden con estas oraciones:

__ 1. Dones que Dios le da, por medio de su Espíritu Santo, con el fin de fortalecerlo para servir.

__ 2. Rasgos de conducta para relacionarse que Dios usa para darle un estilo de liderazgo.

__ 3. Pasión que Cristo pone en su corazón para ministrar a otros.

__ 4. Sucesos que Dios usa para moldearlo como un líder servidor.

__ 5. Habilidades que se obtienen, a través del estudio y la experiencia, y los usa para servir a Dios.

Las próximas dos semanas de estudio lo ayudarán a descubrir quién es usted en Cristo y cómo Dios ya lo ha preparado para el liderazgo.

Respuestas al ejercicio anterior: 1. s; 2. r; 3. i; 4. e; 5. v

SUMARIO

- Dios lo ha preparado para el liderazgo del servidor.
- Usted debe usar todos los dones que Dios le ha dado para servir a otros.
- Usted es un mayordomo de los dones de la gracia de Dios para sus propósitos.
- Él lo ha moldeado para servir como un líder servidor.

De nuevo veamos el versículo para memorizar esta semana. Mientras completa el trabajo de hoy, lea varias veces en voz alta, estas palabras de Pedro. Tenga unos momentos a solas con Dios y escuche qué le dice a su corazón acerca del liderazgo del servidor.

"Cada uno según el don que ha recibido, minístrelo a los otros, como buenos administradores de la multiforme gracia de Dios" (1 Pedro 4.10).

Los dones espirituales (Primera parte)

USTED HOY:

- Examinará la naturaleza bíblica de la iglesia.
- Estudiará cuál es el propósito de los dones espirituales.
- Descubrirá que cada miembro tiene un lugar en la iglesia.
- Definirá los dones espirituales.
- Buscará en las Escrituras listas de los dones espirituales.

LOS LÍDERES SERVIDORES Y LOS DONES ESPIRITUALES

Los líderes servidores saben cómo Dios los dotó para servir en la iglesia, el cuerpo de Cristo. Sirven gracias a sus dones espirituales. No por la antigüedad ni las posiciones que hayan disfrutado. Buscan servir desde el lugar en que Dios los ha colocado en el cuerpo de Cristo. La iglesia se desarrolla mejor cuando los miembros saben cómo Dios los ha dotado espiritualmente y cuando cada uno está en su lugar de servicio según sus dones espirituales.

Los dones espirituales son la clave para entender cómo Dios quiere que se desarrolle la iglesia. Son parte del don de la gracia de Dios para los que creen (Ro 12.3-6; Ef 4.7,11-13).

Recibir la gracia de Dios para salvación es recibir el don de Dios para servir en el cuerpo de Cristo.

Un don espiritual es una "manifestación del Espíritu" (1 Co 12.7). No es una habilidad especial que se desarrolla por su cuenta, eso es una destreza o talento. Usted no busca "obtener" un don espiritual. Pero en oración busca cómo Dios ya lo dotó para sus propósitos.

Dios lo dota con un propósito especial en la iglesia cuando le da la gracia de la salvación a través de Cristo. Conocer la naturaleza bíblica de la iglesia es el comienzo para entender los dones espirituales.

LA IGLESIA

¿Cuál de estas figuras le representa mejor la iglesia? Haga un círculo alrede-

   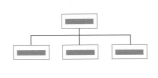

dor de una de ellas.

La Biblia usa la analogía del cuerpo humano para representar la iglesia (Ro 12.4-5). El cuerpo tiene muchas partes, pero es uno. Esas partes tienen muchas funciones, pero juntas sirven un solo propósito. Esta analogía ofrece un cuadro diferente del que muchas iglesias modernas siguen.

Muchas iglesias se consideran instituciones en vez de cuerpos vivientes y ven a sus miembros como sirvientes de la organización, en lugar de ser partes del cuerpo. Los cuerpos crecen y cambian. Las instituciones siempre engendran lo mismo. Dios escogió el cuerpo humano como la analogía de la iglesia porque el cuerpo de Cristo es un organismo vivo. La iglesia está organizada como un cuerpo, pero lo que hace es más importante que quien ocupe los puestos. La iglesia crece por la fuerza vital del Espíritu Santo. Se desarrolla mejor cuando muchos miembros encuentran un lugar para servir.

La Biblia describe la iglesia como el cuerpo visible de Cristo (1 Co 12.12). Es un cuerpo vivo, diversa en sus partes, pero con un mismo propósito. Cada miembro tiene un lugar en el cuerpo, y cada parte le pertenece. La iglesia está formada por muchos miembros dotados por Dios y unidos para servir.

EL PROPÓSITO DE LOS DONES ESPIRITUALES
Lea 1 Corintios 12.7 y Efesios 4.12. ¿Por qué Dios le dio dones a la iglesia?

_____

_____

Los dones espirituales son para el beneficio común de la iglesia. Dios usa a los miembros de la iglesia para equipar y edificar el cuerpo de Cristo. Los dones espirituales no son para vanagloriarse, sino para servir. Los líderes servidores permiten que los dones espirituales los motiven para servir.

Un aspecto importante de cualquier estudio sobre los dones espirituales es la obra de Dios en la vida del creyente y de la iglesia. Usted no decide qué don quiere para ir a buscarlo. Dios los da "como Él quiere" (1 Co 12.11). Los dones espirituales son parte del diseño de Dios para la vida de una persona y la iglesia. La Biblia dice: "más ahora Dios ha colocado los miembros cada uno de ellos en el cuerpo, como él quiso" (1 Co 12.18).

Su meta es descubrir cómo Dios, en su gracia, lo dotó para servirlo y guiar a otros a hacer ese descubrimiento y sentir ese mismo gozo.

Esto tiene implicaciones para los líderes de la iglesia. Haga una marca al lado de la oración que representa cómo ve su papel de líder en la iglesia:

__ Me veo como un líder responsable de administrar una organización y buscar personas para servir en la lista de nuestra organización.

__ Veo la iglesia como un organismo vivo, formado por Dios con un propósito para el plan divino. Mi meta es ayudar a otros a encontrar dónde Él los llama a servir y no dónde yo los necesito trabajando.

TODOS PARTICIPAN
Lea 1 Corintios 12.14-20. En estos versículos, ¿a qué pensamiento dañino se refiere Pablo? Vea los versículos 15 y 16. Escríba los pensamientos:

_____

_____

Algunas personas no se sienten parte de la iglesia, o creen que su partici-

Cada miembro tiene un lugar en el cuerpo, y cada parte le pertenece. La iglesia está formada por muchos miembros dotados por Dios y unidos para servir.

pación no es importante porque no son como otros. En Corinto, algunos cristianos pensaban que no "cabían" porque no tenían los mismos dones de otros. La respuesta de Pablo fue:

> *Si todo el cuerpo fuese ojo, ¿dónde estaría el oído? Si todo fuese oído, ¿dónde estaría el olfato? Mas ahora Dios ha colocado los miembros cada uno en el cuerpo como él quiso.*
>
> 1 Corintios 12.17-18

Cada miembro pertenece al cuerpo. Cada uno tiene un lugar importante. Sentir que no es partícipe de su iglesia porque no es como los más visibles es negar cómo unió Dios a la iglesia. Cada miembro pertenece a ella.

Lea 1 Corintios 12.21-26. ¿A qué sentimientos se refirió Pablo en estos versículos?

Un miembro puede sentirse más importante y pensar que no necesita de los otros. Las iglesias se dividen cuando algunos miembros consideran a otros menos importantes. Alguien en su congregación puede pensar: "Los obreros con el don para servir en el departamento de cuna, no pueden ser tan importantes como los maestros con el don para exhortar". Esa idea no es bíblica. Pablo concluyó que a los miembros menos importantes se les dan los lugares de honor. Él escribió:

> *Pero Dios ordenó el cuerpo, dando más abundante honor al que le faltaba, para que no haya desavenencia en el cuerpo.*
>
> 1 Corintios 12.24-25

Ningún miembro puede decirle a otro "no te necesito". El propósito de Dios al tener tantos dones diferentes es brindar variedad de servicios a la iglesia. Al igual que el cuerpo depende de la pequeña glándula tiroides para su salud, así también cada miembro depende de aquellos en "lugares pequeños" para la salud completa de la iglesia (1 Co 12.26).

¿Qué actitudes en su iglesia hacen que algunos miembros no se sientan partícipes? Haga una lista al margen.

¿Qué ministerios de la iglesia parecen menos importantes, aunque en realidad son esenciales para que la iglesia cumpla su misión? Escríbalos al margen.

LOS DONES ESPIRITUALES

¿Qué viene a su mente cuando piensa en un don espiritual? Escriba su respuesta.

Ken Hemphill, autor de *Serving God: Discovering and Using Your Spirit-*

Ningún miembro puede decirle a otro "no te necesito".

Actitudes
_____
_____
_____
_____

Ministerios
_____
_____
_____
_____

ual Gifts [Sirva a Dios: descubra y use sus dones espirituales], define el don espiritual como "una manifestación individual de la gracia del Padre que permite servirle y por lo tanto, juega un papel vital en su plan para redimir el mundo".[1]

Peter Wagner define el don espiritual como "un atributo especial que da el Espíritu Santo a cada miembro del cuerpo de Cristo, de acuerdo a la gracia de Dios, para usarlo dentro del contexto del cuerpo".[2]

Para nuestro estudio, utilizaré esta definición:

Un don espiritual es una expresión del Espíritu Santo en la vida de un creyente, que lo capacita para servir al cuerpo de Cristo: La iglesia.

A continuación escriba su definición para "don espiritual".

_____

_____

_____

Romanos 12.6-8, 1 Corintios 12.8-10, 28-30 y Efesios 4.11, contienen listas de los dones y funciones que Dios le ha dado a la iglesia. Lea cada uno de los pasajes. En la tabla que sigue, marque el lugar correspondiente a medida que encuentre un don o función en la iglesia.

La lista que aparece a continuación es un ejemplo de cómo Dios dota a los creyentes para servir en el cuerpo de Cristo.

DONES	Ro 12.6-8	1 Co 12.8-10	1 Co 12.28-30	Ef 4.11
Apóstol				
Espíritu para discernir y clasificar				
Evangelismo				
Exhortar y estimular				
Fe				
Dar				
Sanar				
Interpretación de lenguas				
Conocimiento				
Liderazgo o administración				
Misericordia				
Milagros				
Pastor				
Profecía				
Servir o ayudar				
Hablar en lenguas				
Enseñanza				
Sabiduría				

Dios lo ha dotado con una expresión del Espíritu Santo para apoyar su visión y misión de la iglesia. Es una visión mundial para alcanzar a todas las personas con el evangelio de Cristo. Dios desea que, como un líder servidor, usted sepa cómo Él lo ha dotado. Esto lo llevará a servir donde Él quiere, participando así de su misión y visión de la iglesia.

Mañana aprenderá algo más acerca de los dones espirituales y descubrirá con cuáles Dios lo ha dotado para servir en su cuerpo.

SUMARIO

- Los líderes servidores continúan aprendiendo cómo Dios los ha dotado para servir en la iglesia y en el mundo.
- Recibir la gracia de Dios para la salvación es aceptar el regalo de Dios para servir en el cuerpo de Cristo.
- La iglesia es un cuerpo vivo, con diversas partes, pero unido en su propósito.
- Cada miembro pertenece al cuerpo.
- Los dones espirituales son para el beneficio común del propósito de Dios y la misión de la iglesia.
- Un don espiritual es una expresión del Espíritu Santo que le da poder a cada miembro para servir.
- Dios desea que usted conozca cómo Él lo ha dotado.

[1]Ken Hemphill. *Serving God: Discovering and Using Your Spiritual Gifts Workbook.* (Dallas: The Sampson Company, 1995),22.
[2]*Your Spiritual Gifts Can Help Your Church Grow.* Peter Wagner, Copyright 1979, Regal Books, Ventura, CA 93003. Usado con permiso, 42

Dios desea que, como un líder servidor, usted sepa cómo Él lo ha

De nuevo veamos el versículo para memorizar esta semana. Mientras termina el trabajo de hoy, lea de nuevo estas palabras y entonces dedique unos momentos para escuchar a Dios.

"Cada uno según el don que ha recibido, minístrelo a los otros, como buenos administradores de la multiforme gracia de Dios" *(1 P 4.10).*

Ahora cubra el versículo y trate de escribirlo de memoria. No se preocupe si no lo completa. Al final de esta semana Dios dejará las palabras firmemente sembradas en su corazón ampliando así su significado.

Los dones espirituales
(Segunda parte)

USTED HOY:

- • Examinará cómo Dios aparta miembros para servir en la iglesia.
- • Verá cómo una iglesia le dio poder a sus miembros para ministrar.
- • Estudiará cada uno de los dones espirituales.
- • Descubrirá cómo Dios le ha dado dones para servir.

Los dones espirituales son el método de Dios para darle poder a los miembros del cuerpo de Cristo para ministrar. Forman la base para estructurar los ministerios. Tradicionalmente, los líderes de la iglesia diseñaban un diagrama mostrando las necesidades de liderazgo y entonces buscaban personas para solucionar esas necesidades. Sin embargo, las iglesias guiadas por siervos buscan hacer este diagrama *después* de saber cómo Dios los ha formado. La estructura de la iglesia debe permitir el incluir ministerios que usualmente no son parte de su ministerio local. La iglesia debe cambiar para que en lugar de tener personas sirviendo a la estructura, sea esta la que sirva a las personas. Los líderes servidores dirigen sirviendo al cuerpo de Cristo mediante el poder de los dones espirituales en sus vidas.

CÓMO DIOS ESCOGE A LOS MIEMBROS PARA SERVIR

Hechos 13 comienza: "Había entonces en la iglesia que estaba en Antioquía, profetas y maestros". Lea los versículos del 1 al 3. ¿Qué hizo la iglesia con dos de esos hombres que fueron reconocidos como profetas y maestros? Escriba su respuesta al margen.

¿Dónde encontró estos dos dones en la lista de dones de la sesión de ayer?

Bajo el liderazgo del Espíritu Santo, la iglesia en Antioquía apartó a Bernabé y a Saulo porque los vieron dotados espiritualmente como "profetas y maestros".[1] La iglesia reconoció el don de Dios en sus vidas. Entonces siguió al Espíritu de Dios con el fin de apartarlos para el servicio. Este es el patrón para escoger a los miembros para el servicio.

Escriba el número del versículo de Hechos 13.1-3 en el espacio anterior a la descripción de la acción realizada:

- __ La iglesia observó dones espirituales en la vida de sus miembros.
- __ La iglesia obedeció el llamado de Dios y comisionó a dos personas para realizar una misión con Dios.
- __ Dios le advirtió a la iglesia que escogiera personas que sirvieran. Esto ocurrió a través de la adoración y la oración.

Primero vamos a ver cómo la iglesia de Antioquía vio estos dones en las vidas de Saulo y Bernabé.

> La iglesia debe cambiar para que en lugar de tener personas sirviendo a la estructura, sea esta la que sirva a las personas.

Estas dos personas pertenecían a un grupo de miembros reconocidos de la iglesia que tenían los dones de enseñar y profetizar (Hechos 13.1).

Lucas, el escritor del libro de los Hechos, escribió que Bernabé y Saulo "se congregaron allí todo un año con la iglesia y enseñaron a mucha gente" (Hch 11.26). La iglesia observó y tomó nota de cómo unos miembros servían a otros. Después, en su primer viaje misionero, vemos que Pablo poseía el don de la profecía. Esto lo destaca el hecho de que los iconios pensaron que él era el dios Mercurio, "porque éste era el que llevaba la palabra" (Hch 14.12).

¿Cómo la iglesia supo escoger a estos hombres? La Biblia dice que, mientras que estaban "adorando al Señor y ayunando", el Espíritu Santo les dijo que apartaran a Bernabé y a Saulo "para la obra a que los he llamado" (Hch 13.2). Cuando la iglesia adora y busca la voluntad de Dios, Él revela sus planes para los diferentes miembros.

¿Qué hizo la iglesia de Antioquía para reconocer el llamado de Dios y los dones de sus miembros? Lucas nos dice que después que la iglesia ayunó y oró "les impusieron las manos y los despidieron" (Hch 13.3). La iglesia fue obediente al llamado de Dios oró y ayunó para conocer su voluntad. Ellos impusieron sus manos en Saulo y Bernabé como señal del llamado de Dios para sus vidas y los despidieron. La iglesia escogió a estos miembros para servir a Dios y los estimuló para que realizaran ese servicio.

Basado en el estudio anterior, escriba ahora cómo entiende el plan de Dios para conocer y escoger a miembros que le sirvan.

Cuando la iglesia adora y busca la voluntad de Dios, Él revela sus planes para los diferentes miembros.

Evalúe el proceso de su iglesia para seleccionar miembros para el servicio. Haga un círculo alrededor del número que mejor represente a su iglesia.

No se parece a la iglesia de Antioquía   Parecida a la iglesia de Antioquía
1   2   3   4   5   6   7

LA HISTORIA DE UNA IGLESIA

Sentí que Dios estaba llamando a nuestra iglesia para darle poder a personas que sirvieran a través del descubrimiento de los dones espirituales. Con nuestros mejores maestros organicé un grupo de trabajo para encontrar las herramientas para hacer un inventario de los dones espirituales y luego desarrollar un fuerte cimiento de las enseñanzas bíblicas referente a ellos. Durante varias semanas nos reunimos, estudiamos y oramos. Logramos estar de acuerdo respecto a lo que la Biblia enseña acerca de los dones espirituales y su propósito en la iglesia. Decidimos hacer un inventario y un plan para enseñar a la iglesia acerca de los dones.

Escogimos los domingos de un mes para enseñar y dirigir a nuestros miembros en el estudio y descubrimiento de los dones espirituales. Un domingo prediqué sobre un aspecto de los dones. Los miembros del equipo de trabajo enseñaron el mismo tópico a la semana siguiente en los estudios bíblicos de adultos. Al final de las cuatro semanas invitamos a que cada miembro hiciera un inventario de los dones espirituales y entregara los resultados a la semana siguiente. Así dimos inicio a la creación de un perfil de nuestra iglesia, que contenía los dones espirituales de cada uno de los miembros. Todavía se usa esta información para ayudar a nuestro "Equipo de trabajo para involucrar a los miembros" y unirlos a los distintos ministerios. El descubrimiento de los dones espirituales es la función de nuestro "Taller para los miembros" y de nuestro programa permanente mediante el seminario que estamos ofreciendo cada trimestre: "Encuentre su lugar en el ministerio". Este curso *El liderazgo de Jesús* se puede usar de esa forma.

Nunca antes tantas personas dieron un paso al frente para encontrar un lugar para servir en la iglesia; nunca habíamos comenzado tantos nuevos ministerios en tan corto tiempo. A medida que los miembros descubrían cómo Dios los había dotado para el servicio, se sentían libres para desempeñar ese ministerio con gozo y seguridad.[2]

¿Qué actividades ha realizado su iglesia para ayudar a los miembros a descubrir los dones espirituales y encontrar un lugar en el ministerio. Marque el cuadrito al lado de la actividad que su iglesia ha hecho o está considerando hacer:

❑ Los líderes de la iglesia hacen de los dones espirituales la base del ministerio en el cuerpo.

❑ La iglesia ha estudiado el fundamento bíblico para los dones espirituales.

❑ La iglesia, incluyendo a toda la congregación, ha hecho énfasis en los dones espirituales.

❑ La iglesia tiene cómo fortalecer a sus miembros para el ministerio descubriendo los dones espirituales.

❑ La iglesia ofrece un curso continuo, acerca de los dones espirituales, para los miembros actuales y los nuevos.

SUS DONES ESPIRITUALES

Dios lo ha dotado para servir en el cuerpo de Cristo: la iglesia (1 Co 12.7). Su meta es preparar a otros para que sirvan en la misma (Ef 4.12). Como un líder servidor, usted debe usar sus dones espirituales para el beneficio común del cuerpo. Dios lo dotó para su gloria, no para que se hiciera rico. Él lo dotó para edificar su iglesia, no su "ego".

Usted está a punto de completar una de las actividades más importantes de este manual. Mientras lo hace, busque un lugar tranquilo donde pueda relajarse, olvidar por un tiempo los problemas del mundo y dedicarse a pensar y orar respecto a los dones especiales que Dios le ha dado.

Complete ahora la Encuesta de los dones espirituales que aparecen en las páginas 44 a la 48.[3] Recuerde que los dones espirituales son para servir y satisfacer necesidades como parte de la misión de la iglesia. Cada don le da poder a los miembros para ministrar a través del cuerpo de Cristo.

Dios lo dotó para su gloria, no para que se hiciera rico.

Cuando haya concluido la encuesta responda a las preguntas siguientes:

Los dones que he comenzado a descubrir en mi vida son:

1. _____
2. _____
3. _____

❏ Después de orar y adorar, estoy comenzando a darme cuenta que es la voluntad de Dios que yo lo sirva a través de mi don espiritual mediante...

_____

❏ No estoy seguro aún de cómo Dios quiere usar mis dones para servir a otros, pero estoy entregado a la oración y la adoración, buscando sabiduría y oportunidades para usar los dones que he recibido de Dios.

Finalice el estudio de hoy pidiéndole a Dios que lo ayude a conocer cómo Él le ha dotado para servir y cómo usted puede comenzar a usar este don ministrando a otros.

SUMARIO

- Los dones espirituales son el método de Dios para darle poder a los miembros del cuerpo de Cristo para ministrar.
- Dios lo ha dotado con un don espiritual que lo fortalece para ministrar a otros.
- La iglesia puede seguir el patrón bíblico revelado en la iglesia de Antioquía si: (1) Observa y reconoce los dones espirituales de sus miembros; (2) Escucha el llamado de Dios para escoger miembros que le sirvan; (3) Separa miembros que sirvan en el lugar que les corresponde de acuerdo con sus dones y les da poder para ejecutarlo.
- Dios lo dotó para su gloria, no para su ganancia.

[1]Usted puede interpretar "profetas" y "maestros" como dones espirituales o funciones en la iglesia. Por ejemplo: la Biblia describe "enseñar" como un don en Romanos 12.7 y como una "función" en Efesios 4.12. La Biblia describe las profecías de igual forma. La iglesia primitiva no igualaba los dones con las posiciones en la iglesia. Un "profeta" servía a la iglesia proclamando las buenas nuevas de Dios en Cristo y no se le pagaba como a un "predicador". Véase 1 Corintios 14 para obtener una definición de lo que es el don de la profecía comparado con el don de hablar lenguas.
[2]Junto a este énfasis sobre los dones espirituales, volvimos a equipar a las organizaciones de nuestra iglesia para permitirle a los miembros "moverse" con más facilidad y comenzar nuevos ministerios con la autoridad y recursos para llevarlos a cabo.
[3]La evaluación en este manual excluye los dones de "hacer señales" a causa de algunas confusiones que los acompañan y porque son difíciles de colocar en los ministerios que sirven de base en una iglesia típica.

De nuevo veamos el versículo para memorizar esta semana, en esta oportunidad con algunas palabras omitidas. Complete el versículo. Si necesita ayuda, no se preocupe: simplemente vuelva a la página 31.

"Cada uno según_____ que ha recibido, minístrelo a los otros, como_____ de la multiforme gracia de Dios" (1 P _____).

Evaluación sobre los dones espirituales

Instrucciones

Esto no es un examen, así que no hay respuestas erróneas. La encuesta sobre los dones espirituales consta de 70 declaraciones. Algunas reflejan acciones concretas; otras son cualidades descriptivas y aún otras son declaraciones de creencias.

Marque su respuesta poniendo en el espacio en blanco, al lado de cada oración, el número que corresponde a la puntuación que usted quiere. Califique cada declaración con la puntuación que mejor lo describa.

No pierda mucho tiempo en una oración determinada. Recuerde que esto no es un examen. Casi siempre su respuesta inmediata es la mejor.

Por favor, responda cada una. No salte ninguna. No le pregunte a otros cómo están contestando o cómo piensan que usted debe hacerlo.

Trabaje con calma.

Las posibilidades de puntuación son:

5—Muy característico en mí o definitivamente verdad en mi caso.

4—En la mayor parte de las ocasiones esto me describiría o es verdad en mi caso.

3—Es una característica frecuente en mí o es verdad en un 50 por ciento de los casos.

2—A veces, es característico en mí o es verdad en un 25 por ciento de las veces.

1—No es una característica mía o definitivamente no es así en mi caso.

_____ 1. Tengo la habilidad de organizar ideas, posibilidades, tiempo y personas.

_____ 2. Estoy dispuesto a estudiar y prepararme para la tarea de enseñar.

_____ 3. Soy capaz de relacionar las verdades de Dios con situaciones específicas.

_____ 4. Tengo el don de Dios para ayudar a otros a desarrollar su fe.

_____ 5. Poseo una habilidad especial para comunicar la verdad de la salvación.

_____ 6. Soy sensible al dolor de las personas.

_____ 7. Me gozo al satisfacer las necesidades de otros compartiendo posesiones.

_____ 8. Disfruto estudiar.

_____ 9. He dado el mensaje de Dios de advertencia y juicio.

_____ 10. Soy capaz de percibir las verdaderas motivaciones de las personas y movimientos.

_____ 11. Tengo una habilidad especial para confiar en Dios durante situaciones difíciles.

_____ 12. Tengo un gran deseo de contribuir a la fundación de nuevas iglesias.

_____ 13. Actúo para satisfacer las necesidades físicas y prácticas en lugar de simplemente hablar al respecto o planear ayudar.

_____ 14. Puedo delegar y asignar trabajos importantes.

_____ 15. Tengo la habilidad y el deseo de enseñar.

_____ 16. Casi siempre puedo analizar correctamente una situación.

_____ 17. Tengo la tendencia natural de animar a otros.

_____ 18. Deseo tomar la iniciativa de ayudar a otros cristianos a desarrollar su fe.

_____ 19. Reconozco fácilmente las emociones de otras personas tales como: soledad, dolor, temor y enojo.

_____ 20. Soy un dador alegre.

_____ 21. Dedico tiempo a profundizar en los hechos.

_____ 22. Creo que tengo un mensaje de Dios para dar a otros.

_____ 23. Reconozco cuándo una persona es sincera u honesta.

_____ 24. Estoy dispuesto a ceder a la voluntad de Dios en lugar de cuestionarla o titubear.

_____ 25. Me gustaría ser más activo llevando el evangelio a las personas en otras tierras.

_____ 26. Me hace feliz hacer algo por los necesitados.

_____ 27. Tengo éxito al hacer que un grupo trabaje gozosamente.

_____ 28. Poseo la habilidad de planificar métodos de estudio.

_____ 29. Identifico a los que necesitan estímulo.

_____ 30. He preparado a algunos cristianos para que sean discípulos más obedientes de Cristo.

_____ 31. Estoy deseoso de hacer lo que sea necesario para ver a otros venir a Cristo.

_____ 32. Me atraen las personas que están lastimadas.

_____ 33. Soy un dador generoso.

_____ 34. Puedo descubrir nuevas verdades.

_____ 35. Tengo conocimientos espirituales de las Escrituras acerca de cosas y personas que me obligan a hablar claramente.

_____ 36. Puedo percibir cuándo una persona está actuando de acuerdo con la voluntad de Dios.

_____ 37. Puedo confiar en Dios aún cuando las cosas parecen oscuras.

_____ 38. Tengo un gran deseo de llevar el evangelio a lugares donde nunca se ha escuchado.

_____ 39. Soy sensible a las necesidades de las personas.

_____ 40. He podido hacer planes eficaces para alcanzar las metas de un grupo.

_____ 41. A menudo, mis compañeros me han consultado si están luchando por tomar decisiones difíciles.

_____ 42. Pienso en cómo consolar y alentar a otros en mi congregación.

_____ 43. Puedo dar dirección espiritual a otros.

_____ 44. Soy capaz de presentar el evangelio a los perdidos de manera que reciban al Señor y su salvación.

_____ 45. Poseo una capacidad fuera de lo común para comprender los sentimientos de los que están angustiados.

_____ 46. Tengo un fuerte sentimiento de mayordomía basado en el reconocimiento de que Dios es dueño de todas las cosas.

_____ 47. Le he dado a otras personas mensajes que me han venido directamente de Dios.

_____ 48. Puedo percibir si una persona está actuando bajo el liderazgo de Dios.

_____ 49. Continuamente trato de hacer la voluntad de Dios y ser su instrumento.

_____ 50. Siento que debo llevar el evangelio a las personas que tienen creencias distintas a las mías.

_____ 51. Puedo reconocer fácilmente las necesidades físicas de otros.

_____ 52. Soy hábil para poner en práctica acciones precisas y positivas.

_____ 53. Explico las Escrituras de tal manera que otros pueden entenderlas.

_____ 54. Generalmente veo soluciones espirituales para los problemas.

_____ 55. Recibo con agrado las oportunidades de ayudar a las personas que necesitan alivio, consuelo, aliento y consejo.

_____ 56. Me siento bien hablando de Cristo a los no creyentes.

_____ 57. Reconozco en otros los signos de tensión y angustia.

_____ 58. Deseo dar generosamente y sin pretensiones para los ministerios y proyectos que valgan la pena.

_____ 59. Puedo relacionar hechos en formas organizadas.

_____ 60. Dios me da el mensaje para llevarlo a su pueblo.

_____ 61. Percibo si las personas son honestas cuando hablan de sus experiencias religiosas.

_____ 62. Disfruto presentar el evangelio a personas de otras culturas y orígenes.

_____ 63. Disfruto haciendo pequeñas cosas que ayudan a las personas.

_____ 64. Puedo hacer una presentación clara y sencilla.

_____ 65. He podido aplicar verdades bíblicas a necesidades específicas de mi iglesia.

_____ 66. Dios me ha usado al motivar a otros para que vivan igual que Cristo.

_____ 67. He percibido la necesidad de ayudar a otras personas para que sean más eficientes en sus ministerios.

_____ 68. Me gusta hablar de Jesús a los que no lo conocen.

_____ 69. Tengo una amplia variedad de materiales de estudio y sé cómo conseguir información.

_____ 70. Estoy seguro de que una situación cambiará para la gloria de Dios, aunque parezca imposible.

LIDERAZGO	☐	+	☐	+	☐	+	☐	+	☐	=	☐	
	1		14		27		40		52		TOTAL	
ENSEÑANZA	☐	+	☐	+	☐	+	☐	+	☐	=	☐	
	2		15		28		53		64		TOTAL	
CONOCIMIENTO	☐	+	☐	+	☐	+	☐	+	☐	=	☐	
	8		21		34		59		69		TOTAL	
SABIDURÍA	☐	+	☐	+	☐	+	☐	+	☐	=	☐	
	3		16		41		54		65		TOTAL	
PROFECÍA	☐	+	☐	+	☐	+	☐	+	☐	=	☐	
	9		22		35		47		60		TOTAL	
DISCERNIMIENTO	☐	+	☐	+	☐	+	☐	+	☐	=	☐	
	10		23		36		48		61		TOTAL	
EXHORTACIÓN	☐	+	☐	+	☐	+	☐	+	☐	=	☐	
	17		29		42		55		66		TOTAL	
PASTORADO	☐	+	☐	+	☐	+	☐	+	☐	=	☐	
	4		18		30		43		67		TOTAL	
FE	☐	+	☐	+	☐	+	☐	+	☐	=	☐	
	11		24		37		49		70		TOTAL	
EVANGELISMO	☐	+	☐	+	☐	+	☐	+	☐	=	☐	
	5		31		44		56		68		TOTAL	
APOSTOLADO	☐	+	☐	+	☐	+	☐	+	☐	=	☐	
	12		25		38		50		62		TOTAL	
SERVICIO	☐	+	☐	+	☐	+	☐	+	☐	=	☐	
	13		26		39		51		63		TOTAL	
MISERICORDIA	☐	+	☐	+	☐	+	☐	+	☐	=	☐	
	6		19		32		45		57		TOTAL	
GENEROSIDAD	☐	+	☐	+	☐	+	☐	+	☐	=	☐	
	7		20		33		46		58		TOTAL	

CÓMO CALIFICAR SU EVALUACIÓN

Siga estas instrucciones para calcular su puntuación para cada don espiritual.

1. Encima de cada línea escriba el valor que usted asignó a la declaración correspondiente al número que se indica debajo de la línea.
2. Para cada don, sume los valores que escribió y así obtendrá el total.

Adaptado de *"Discovering Your Spiritual Gifts, Revised, Member's Booklet/Individual Study Guide"* (Nashville: The Sunday School Board of the Southern Baptist Convention, 1989), 20-27. Usado con permiso.

CALIFICACIÓN

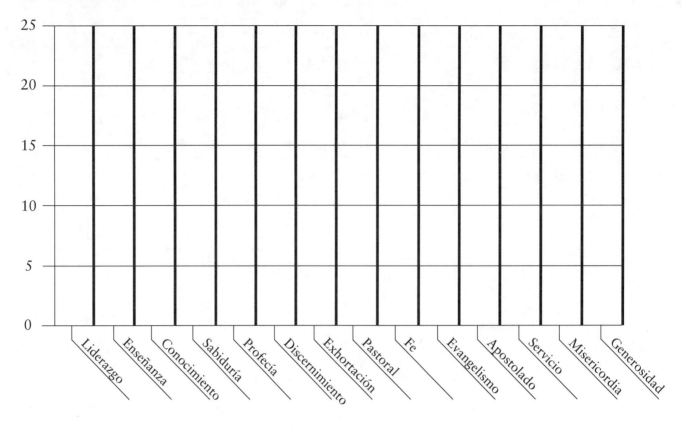

CÓMO HACER EL GRÁFICO DE SU PERFIL

1. En cada don, haga una marca transversal en el punto que corresponda al TOTAL obtenido.
2. En cada don, sombree la barra debajo de la marca que usted haya dibujado.
3. La gráfica resultante dará una imagen de sus dones. Las barras altas son los dones más fuertes en usted y las más cortas son en las que usted no muestra ser fuerte.

Regrese ahora a la página 42 para completar el trabajo de hoy.

Experiencias (Primera parte)

USTED HOY:

- Verá cómo Dios obra en la historia para cumplir su voluntad.
- Examinará cómo Pablo vió su vida luego de conocer a Cristo.
- Aprenderá cómo Dios usa las experiencias para cumplir su voluntad.
- Hará una importante "señal espiritual" en su vida.

EL DIOS DE LA HISTORIA

Dios es el Dios de la historia. Es en la historia donde Dios realiza sus planes. Él no es sólo de "entonces y allí". Es el Dios de "aquí y ahora". El Creador es soberano de todos los hechos de la historia y éstos suceden como el Señor los permite u ordena. Toda la historia se centra en la encarnación de Jesús. Dios entró en ella para salvar a la creación de la penalidad de su pecado contra Él. La palabra *encarnación* viene del término latín que significa "en la carne". En Jesucristo, Dios se hizo carne. El evangelio, de acuerdo con Juan, afirma que "aquel Verbo fue hecho carne, y habitó entre nosotros" (Jn 1.14). Dios ha obrado siempre en "su historia" para llevar a cabo sus propósitos.

Los líderes servidores confían en que Dios obrará en su historia para cumplir su plan en la vida de ellos. Las experiencias se convierten en el crisol para moldearlo a usted a su imagen. Los líderes servidores confían en que todo lo que les sucede y los acontecimientos a su alrededor son parte del trabajo soberano de Dios en la creación.

Los líderes servidores confían en que Dios obra en su historia para cumplir su plan en la vida de ellos.

EL APÓSTOL PABLO

Observe la vida de Pablo (Saulo). Usted ya ha leído su expediente (en el estudio del primer día). Vamos a hacer un inventario de las experiencias de su vida. Conteste las preguntas a medida que examine los pasajes de las Escrituras.

¿Dónde creció Saulo? (Hch 21.39)

_____

¿A qué nacionalidad y ciudadanía pertenecía? (Hch 22.3 y 25-29)

_____

¿Dónde fue educado Pablo? ¿Quién fue su maestro? (Hch 21.17; 22.3)

_____

Antes de su conversión, ¿qué hizo para tratar de detener la "herejía" del culto a Cristo? (Hch 22.4-5; 1 Co 15.9)

_____

¿Qué muerte presenció él? (Hch 7.54—8.1)

_____

Hasta este punto en la vida de Saulo, ¿cómo usted describiría el trabajo de Dios en su vida?

Dios preparó a Saulo de Tarso para la labor única de llevar el Evangelio alrededor del mundo, a todos los grupos étnicos, mediante las experiencias de su vida.

- Pablo nació judío y tenía los derechos y privilegios de un ciudadano romano.
- Como judío, conocía la relación del pacto de Dios con Israel. Había aprendido la historia de la relación de Dios con su pueblo. Conocía y confiaba en el Dios de Abraham, Isaac y Jacob.
- Ser ciudadano romano le concedía disfrutar de todas las ventajas legales y culturales de su ciudadanía. Pablo tenía la mejor preparación que la población judía podía ofrecer.
- Estudió con uno de los mejores maestros judíos de su época. Aprendió las Escrituras del Antiguo Testamento, cómo interpretarlas y aplicarlas a la vida.

Aunque en sus primeros años Saulo no llamó a Jesús "el Mesías, el Hijo de Dios", Dios usó todas las experiencias de la vida de este hombre como cimiento para lo que vendría después en la vida del apóstol.

Saulo comenzó a atacar a los seguidores de Cristo cuando escuchó que le llamaban "el Mesías". Lo hizo por ser un líder del pueblo de Israel. El temperamento de Saulo lo llevó a avanzar hacia su meta que era perseguir a la iglesia con fervor y convicción. Sin embargo, Dios tomó todas las experiencias positivas y negativas de este hombre y las utilizó para su gloria. El Señor transformó el celo de Saulo que lo hacía destruir la iglesia, en una pasión por edificarla a través de un encuentro con el Señor resucitado. Esa es la diferencia que Dios hace en la vida de una persona.

DIOS Y SUS EXPERIENCIAS

Dios puede usar los sucesos de su vida para ayudarlo a cumplir Su voluntad. El Señor puede moldearlo y convertirlo en una herramienta de su gracia. Cuando Jesús entra en su vida, lo convierte en una nueva criatura para cumplir así con Sus propósitos.

Pablo creyó que su experiencia en el camino a Damasco fue lo que marcó el cambio en su vida. Cada vez que narraba su historia, contaba esta experiencia espiritual.

Lea el testimonio de Pablo en Hechos 22.3-21. Haga un resumen de todo lo sucedido en la vida de Pablo a partir de su testimonio.

1. La vida de Pablo antes de conocer a Jesús (Hch 22.3-5):

2. Su experiencia de conversión y llamamiento (Hch 22.6-16):

Dios puede usar los sucesos de su vida para ayudarlo a cumplir su voluntad.

3. Su vida desde que encontró a Cristo (Hch 22.17-21):

_____

Henry Blackaby llama "señales espirituales"[1], a los sucesos como los de la conversión de Pablo. Él dice que una señal espiritual "ayuda a identificar un tiempo de transición, decisión o dirección cuando sé claramente que Dios me ha guiado".[2] Una señal espiritual nos recuerda que Dios está obrando en nuestra historia. Recordarlo ayuda a ver la obra de Dios en nuestra vida y cómo Él está desdoblando su plan para nosotros.

Veamos las señales espirituales en la vida de Simón Pedro.

Pasaje	*Señales espirituales de Pedro*
Marcos 1.16-18	_____
Marcos 8.27-30	_____
Marcos 14.66-72	_____
Juan 21.15-22	_____
Hechos 2.1-13	_____
Hechos 10.9-38	_____

Dios definió su voluntad para Pablo y Pedro cuando ellos lo encontraron en la historia. Jesús hará lo mismo en su vida.

UNA SEÑAL PERSONAL

Entre los grados once y doce de la enseñanza secundaria, fui con mi grupo de jóvenes a un viaje misionero. Fuimos a la Reservación India de los Navajos, en Nuevo México, a dirigir las Escuelas Bíblicas de Vacaciones y hacer trabajos de construcción en las iglesias. Era todo lo que se esperaba que fuera un viaje de ese tipo. No existían baños interiores. Íbamos en auto hasta el pueblo para poder bañarnos en el gimnasio de la escuela local. Durante una hora viajé con mi grupo a través del desierto para llegar al poblado donde teníamos nuestra Escuela Bíblica de Vacaciones. Recuerdo que le hablé de mi fe a un muchacho indio Navajo que recibió a Cristo como su Salvador.

La noche del jueves de esa semana, antes de los cultos de avivamiento que teníamos bajo una carpa, caminé hacia el desierto. Rayos y truenos se veían y escuchaban sobre las mesetas que rodeaban el lugar donde estábamos acampados. Sentí la presencia de Dios. Percibí que Él me hacía una pregunta simple: "¿Qué te gusta hacer?" Contesté: "Esto. Estar con los cristianos haciendo tu trabajo". Dios dijo: "Entonces ve y hazlo". Lo hice. Ese domingo por la noche, cuando llegamos a casa y comentamos nuestras experiencias en la iglesia, fui al frente para ofrecer mi vida al servicio de Dios. Cambié mis planes de estudio. Me inscribí en una universidad cristiana y comencé a prepararme para ser ministro del evangelio.

Esa señal espiritual configuró mi vida. Me ayudó a decidir a qué universidad asistiría, qué cursos escoger y la senda que mi vida tomaría. Aún escri-

Una señal espiritual nos recuerda que Dios está trabajando en nuestra historia.

Las señales espirituales
pueden ser cualquier
cosa, desde un arbusto
ardiendo hasta
el contacto suave
de un niño.

Veamos otra vez el
versículo para
memorizar esta semana.
En esta ocasión con
más palabras omitidas.
Trate de completarlo sin
buscar atrás.

"_____según el ___
que ha recibido,
_____ a los
otros, como buenos
_____de la
multiforme
_____"
(_____).

Dedique ahora unos
momentos para escribir
algunas oraciones
referentes a lo que Dios
le ha dicho esta semana
a través de este
versículo, y cómo esas
palabras tienen más
significado en su vida.

biendo esto recuerdo la profunda seguridad que sentí al saber que Dios tenía un plan especial para mi vida. Él se preocupó lo suficiente como para irrumpir en la historia y revelarme ese plan.

SUS SEÑALES ESPIRITUALES

Usted ha tenido experiencias similares en su vida en las que Dios le ha expresado claramente su voluntad. Él irrumpió en la historia y usted sabe que le habló. El Señor puede haberle confirmado una decisión que había hecho. Puede haberle revelado algo nuevo acerca de quién es Él. Dedique un momento para describir alguno de sus encuentros más importantes con Dios. Puede escribir estos acontecimientos o contarlos a alguien en su grupo de estudio. Si lo hace en el espacio a continuación, hágalo como si le estuviera narrando a un amigo los cambios operados en esos momentos. Comience con la experiencia de su salvación. No se preocupe si no tiene una historia dramática en el desierto. Dios obra en los hechos diarios para moldearlo a su semejanza. Las señales espirituales pueden ser cualquier cosa, desde un arbusto ardiendo hasta el contacto suave de un niño.

MIS SEÑALES ESPIRITUALES: SUCESOS QUE CAMBIARON MI VIDA

_____

_____

_____

_____

_____

Si usted no ha tenido un encuentro con Cristo, un "cambio de vida" del cual escribir, considere su relación con Jesús como Señor y Salvador, sepa que usted será salvo si confiesa sus pecados y clama en el nombre de Jesús, (Ro 10.9-10). Hable con el líder de su grupo, pastor o un amigo cristiano.

SUMARIO

- Los acontecimientos suceden según Dios los permite u ordena que ocurran.
- Los líderes servidores confían en que Dios obra en sus vidas.
- Dios usó las experiencias de Saulo en preparación para su trabajo como embajador del evangelio.
- Dios permitió que en la vida de Pedro quedaran varias señales espirituales para confirmar su voluntad para el pescador.
- Un encuentro con Cristo puede transformar cada experiencia personal para la gloria de Dios.

[1]Henry Blackaby. *Mi experiencia con Dios* (Nashville: Lifeway, 1990), 100.
[2]Obra citada, 103.

Experiencias (Segunda parte)

USTED HOY:

- Aprenderá cómo Dios ha obrado en algunas vidas para cumplir su voluntad.
- Examinará la vida de Ester para saber cómo Dios la guió para sus propósitos.
- Usará una cronología para marcar sus experiencias con Dios.
- Examinará su vida para ver cómo Dios ha usado sus experiencias personales.

LA HISTORIA DE PAULA

Los padres de Paula son sordos, pero ella puede oír y ha aprendido cómo vivir en ambos mundos, el de los que oyen y el de los sordos. Cuando Paula llegó a ser adulta y madre, sintió el deseo de trabajar con adolescentes. Ella y su esposo decidieron ser miembros de una iglesia más cerca de la casa. Su hija adolescente quería estar con sus compañeros de la escuela. Un domingo, una pareja de sordos le pidió a Paula que les interpretara un culto de adoración. Lo hizo de mala gana. Otra pareja de sordos supo que Paula interpretaba los cultos. Le pidieron que lo hiciera para ellos y de nuevo aceptó hacerlo una vez al mes.

Pronto, un pequeño grupo de familias sordas se reunió para la Escuela Dominical y el culto de adoración. Paula comenzó a reunirse con ellos y ministró al grupo regularmente. Se formó un grupo de sordos dentro de la iglesia de los que no tenían ese padecimiento. Paula no escogió ser hija de padres sordos. A veces pensaba cuán desdichada era por tener padres que no podían escuchar. Saber este tipo de lenguaje no era precisamente un motivo de orgullo para ella. Sin embargo, Paula permitió que Dios obrara en su vida para desarrollar su plan para ella y los demás.

En la actualidad, alrededor de 45 adultos sordos de los complejos metropolitanos de Dallas y Fort Worth se reúnen para los cultos y estudio de la Biblia. El grupo, llamado Confraternidad de sordos de la Calle Legacy, tiene una persona sorda que es pastor y ministro de música y trabaja tiempo parcial. Paula no se dedicó a formar una misión de sordos como parte del trabajo de Dios en la iglesia. La iglesia tampoco formó un grupo de trabajo a largo alcance que llegara hasta los sordos del condado Collin y más allá. Pero Dios tenía un plan y usó cada una de las experiencias de Paula para realizar sus propósitos y crear una comunidad visible de cristianos que adoraran a Dios en su propia lengua y estilo. Dios también quería que tanto las iglesias de los sordos como de los que no lo eran, se unieran para hacer su voluntad.

Paula es una sierva líder. Resolvió las necesidades de los que le pidieron ayuda y pronto se convirtió en líder. Aceptó las experiencias de su vida como la intención de Dios para que se cumplieran sus propósitos. Hoy, Paula me estimula diciéndome que Dios arreglará todo en su tiempo y para su propósito. ¡Yo la creo! Los líderes servidores aceptan las experiencias en sus vidas como la materia prima del trabajo de Dios mientras Él los moldea.

Mientras leyó la historia de Paula, ¿experimentó algún sentimiento en común?　　❑ Sí　　　　❑ No

Si marcó "sí", ¿cuáles son esos sentimientos? Escríbalos al margen.

Veamos el caso de otra persona a quien Dios puso en un lugar especial para cumplir sus propósitos.

LA HISTORIA DE ESTER

Ester era una forastera, prima de Mardoqueo, un judío desconocido en el exilio. Pero Dios la hizo muy hermosa. Su primo oyó que habría un concurso de belleza porque el rey, aceptando la opinión de sus consejeros, estaba buscando otra esposa. La que tenía no le gustaba por ser muy terca. El rey quería escogerla entre todas las mujeres del reinado y Dios permitió que Ester fuera la favorecida.

Pero el momento crucial de la historia llegó cuando el rey le permitió a Amán, uno de sus ministros, que decretara la muerte de todos los judíos. Amán quería matar a Mardoqueo porque este no lo reverenciaba. Así que Amán determinó exterminar a todos los judíos. Mardoqueo se enteró de estos planes y se lo dijo a su prima, la reina, insistiendo en que ella intercediera por su pueblo. ¡Ester dijo que la podían matar en el proceso! Pero su primo le recordó que si la ley se establecía ella también moriría. Entonces Mardoqueo le dijo que quizás Dios le había permitido ser reina "para esta hora" (Ester 4.14). Así que Ester le pidió a Mardoqueo y a sus compatriotas que oraran por ella.

Ester confió en Dios y se acercó al rey para pedirle que hiciera un banquete al que asistiera Amán. En la comida, Ester le dijo al rey que ella era judía y como consecuencia del nuevo decreto la matarían. El rey se enojó mucho y preguntó quién era responsable de una ley que matara a la reina. Ester señaló a Amán. Cuando el rey vio a su ministro en la habitación de la reina, suplicándole, pensó que la estaba tratando de violar. El rey lo ejecutó en la misma horca que Amán había preparado para Mardoqueo. Ester animó al rey para que dictara una ley que permitiera a los judíos protegerse en caso de ser atacados. Los judíos aún celebran la fiesta del Purim, el día que Dios les permitió protegerse y sobrevivir el exilio.

La historia de Ester nos muestra cómo Dios usa las experiencias de una persona para desarrollar sus planes fundamentales. Veamos los sucesos que Dios permitió en la vida de Ester para cumplir su voluntad.

Haga una lista de estas experiencias y cómo Dios usó cada una de ellas:

	Experiencias	*Cómo Dios las usó*
Ester 2.5-7		
Ester 2.8		
Ester 2.17		
Ester 4.14		

Ester 5.7-8 _____

Ester 7.1-10 _____

Ester 8.8,11 _____

Dios usó lo sucedido en las vidas de Ester y Paula para cumplir un plan más grande en la historia. Él puede hacer lo mismo en su vida.

EL MAPA DE SU VIDA

Las experiencias que ha vivido forman un mapa de la obra de Dios en su vida. Él usa cada momento para moldearlo como un líder servidor. Usted confiará en el futuro cuando advierta la poderosa presencia de Dios en su pasado.

John Trent le ayuda a ver su vida como un "mapa". El doctor Trent sugiere que usted haga una "historieta" de su vida, parecida a la de los dibujos animados de la prensa que aparecen formando una secuencia. Él le llama a este proceso hacer "el mapa de la vida".[1]

"El mapa de la vida es una forma diferente de ver la vida destacando sus componentes para notar los hechos clave, patrones y potenciales. Implica hacer una "historieta", del pasado y futuro, convirtiéndolo así en un participante activo de este proceso de volver a escribir esa historia. La meta es desplazarlo con claridad y convicción hasta las relaciones más cercanas, semejanzas a Cristo y un futuro lleno de esperanzas".[2]

El doctor Trent le pide a sus lectores que consideren cada suceso importante y percepciones personales del pasado y futuro. El proceso comienza cuando usted descubre el plan de Dios para su vida. El mapa de su vida le ayuda a lograr ese propósito. Este mapa incluye: una mirada al pasado y otra al futuro.

Vamos a detenernos para mirar su vida. Una línea cronológica cuenta la historia. Usted aprendió a hacer esto en la escuela elemental mientras revisaba un libro o una tarea de historia. Sencillamente anote los hechos de un cuento o de una época histórica en una línea que represente los años. Vamos a tratar de hacer esto con su vida. Anote su nacimiento y las señales espirituales que escribió ayer en las líneas a continuación:

_____

_____

_____

En el siguiente espacio, haga una lista de las marcas que puso en la cronología. Entonces evalúe cómo Dios usó esos hechos para convertirlo en el líder servidor que usted puede ser hoy.

Mi señal espiritual	*Cómo usó Dios estos hechos*
1. _____	_____
2. _____	_____
3. _____	_____
4. _____	_____

Usted confiará en el futuro cuando advierta la presencia poderosa de Dios en su pasado.

UN CUENTO QUE NO ES MUY INFANTIL

Uno de mis cuentos favoritos es "El caballo y su muchacho" de C.S. Lewis. En la historia, un huérfano llamado Shasta se encuentra con un caballo que habla (de un lugar llamado Narnia). Se ponen de acuerdo para viajar juntos. Una criatura los persigue a través del viaje a casa y suceden cosas que atemorizan a Shasta, quien se pregunta por qué le suceden tantas cosas malas. Finalmente el niño y la criatura se encuentran. Entonces Shasta se declara como "el niño más desafortunado que ha vivido en todo el mundo".[3] La criatura que perseguía a Shasta y a su caballo era Aslan, el león, que hace de Dios en la historia. Aslan describe cada suceso que Shasta consideraba malo y peligroso. Cada situación guiaba a Shasta hacia Narnia. Aslan le cuenta al niño su historia y cómo era su hogar en Narnia. Cuando el niño y su caballo llegan a ese lugar, Shasta descubre que ¡es un príncipe y heredero del trono! Mirando atrás, Shasta entiende que Aslan lo guió a través de esas experiencias para que recibiera su verdadera herencia.

Me gusta esta historia porque me ilustra la providencia. Dios usa los sucesos buenos y malos para guiarnos hacia nuestra herencia en Jesucristo. Él obra a nuestro alrededor. Lo ha hecho durante toda nuestra vida. A cada uno nos ha guiado para que recibamos nuestra herencia como hijos de Dios. El Señor puede usar cualquier acontecimiento de nuestra vida para guiarnos a su reino. Mientras que usted considere en oración, cómo Dios ha obrado en su vida, regocíjese sabiendo que su meta está segura en Él.

SUMARIO

- Los líderes servidores aceptan cada experiencia de su vida como materia prima que Dios puede usar para cumplir un plan más grande.
- Dios dirigió la vida de Ester para que preservara la vida de Israel mientras estaban en el exilio.
- Usted tiene un "mapa de la vida" que muestra cómo Dios está obrando en usted.
- Aunque crea ser la persona más desdichada del mundo, Dios está obrando para llevarlo a recibir su herencia eterna en Jesucristo.

[1]*LifeMapping.* John Trent, Ph. D. Editado y publicado por Focus on the Family. Derecho de autor 1994. John Trent, Ph. D. Todos los derechos reservados. Usado con permiso.
[2]Obra citada.
[3]C.S. Lewis. *El caballo y su muchacho*, quinto libro de la serie *Las crónicas de Narnia* (Miami, Florida: Editorial Caribe, 1977).

Tomás trabajó durante 25 años en IBM, la compañía de computadoras. Vio evolucionar la tecnología. IBM lo especializó en tecnología y administración y también en el planeamiento y administración de proyectos. Al principio de los años 90, participó en el "cambio radical de IBM" cuando la compañía se dedicó a servir al consumidor. Tomás estaba preparado para dirigir cambios y buscar nuevas formas de servir a sus clientes.

En 1986, cuando llegué a nuestra iglesia como pastor provisional, Tomás también era el presidente de los diáconos. Él y su esposa aman esta iglesia y la han apoyado de muchas formas. A través de los años han servido juntos en varios ministerios grandes. Él siente pasión por el Señor y su iglesia. Tomás es un líder servidor.

Tomás tiene un temperamento que valora altas normas. Su conducta natural lo lleva a desempeñar proyectos y mantener el orden. Cuando desarrolla un procedimiento, ¡no trata de cambiarlo enseguida! Algunos lo creen inflexible y dominante, pero si una persona se dedica a conocerlo y entender cómo se relaciona con los demás, ve un corazón deseoso de servir a Dios en la mejor forma posible.

Hace algunos años, mientras asistíamos juntos a una conferencia, le pregunté si había considerado servir a Dios en una iglesia local. Me sonrió y me dijo que ¡esa misma mañana había orado al respecto! Me habló de su entusiasmo por aplicar la preparación de su trabajo para ayudar a una iglesia a realizar más eficientemente su ministerio. Ese mismo año Tomás dejó su trabajo en IBM y vino a servir en nuestra iglesia como director de administración y planificación.

Él ha ofrecido su temperamento, habilidades vocacionales y pasión por Dios para servir al reino. Su vida es un ejemplo de cómo Dios puede usar su estilo para relacionarse con otros, las habilidades obtenidas del trabajo o entretenimientos, y su entusiasmo por el ministerio aplicándolas para honrar a Dios.

EN ESTA SEMANA USTED:

- Descubrirá cómo se relaciona con otros. Tendrá una visión general de cuatro estilos para relacionarse (Primer día).
- Identificará su propio estilo para relacionarse con otros (Segundo día).
- Entenderá cómo Dios usa su habilidad vocacional para cumplir su misión en el mundo (Tercer día).
- Hará un inventario de las habilidades vocacionales que se relacionan con su llamado (Cuarto día).
- Comprenderá cómo Dios le llena de entusiasmo para el ministerio (Quinto día).
- Completará el acróstico S.I.R.V.E. para la próxima reunión.

SEMANA 3:
EL LÍDER QUE S.I.R.V.E. (SEGUNDA PARTE)

VERSÍCULO
PARA MEMORIZAR
ESTA SEMANA:

"Y me ha dicho: Bástate mi gracia; porque mi poder se perfecciona en la debilidad. Por tanto, de buena gana me gloriaré más bien en mis debilidades, para que repose sobre mí el poder de Cristo" (2 Co 12.9).

Cómo relacionarse con otros (Primera parte)

USTED HOY:

- Considerará los estilos para relacionarse y completará una encuesta.
- Examinará cómo su estilo para relacionarse afecta el liderazgo.
- Observará cuatro tipos de estilos primarios para relacionarse.
- Estudiará los estilos para relacionarse de dos personajes bíblicos.

¿CÓMO SE RELACIONA TOMÁS?

Le hablé de Tomás en la introducción de esta unidad. Vuelva a esta historia y lea cómo describí su estilo para relacionarse. Escriba aquí una frase clave que describa ese estilo:

_____

Vuelva al mismo párrafo y haga una lista de los puntos fuertes y débiles del estilo de Tomás. Escriba sus respuestas a continuación:

Puntos fuertes	*Puntos débiles*
1._____	1._____
2._____	2._____
3._____	3._____

Los puntos fuertes de Tomás podrían incluir un compromiso a las normas elevadas, lealtad y el deseo de mantener el orden. Sus debilidades podrían ser la inflexibilidad y el deseo de imponer sus opiniones.

Cada persona tiene un estilo para relacionarse con otros. Cada estilo tiene sus puntos fuertes y débiles. Dios puede usar cualquier estilo para relacionarse que se someta a su voluntad y sea útil a sus propósitos.

Su estilo para relacionarse con otros es básico para saber qué tipo de líder será. Conocer su estilo es saber cómo Dios lo ha moldeado para servir a las personas a través de su relación con ellas.

Los líderes servidores saben cómo se relacionan con otros y cómo otros lo hacen con ellos. Saber cómo Dios ha moldeado su temperamento es básico para saber su estilo de liderazgo. Conociendo el estilo de otros, usted también puede satisfacer sus necesidades para relacionarse, comunicarse con ellos y guiarlos más eficientemente. Este conocimiento lo ayudará también a preparar a otros (semana 4) y formar con ellos un ministerio (semana 5).

Dos palabras de advertencia:

1. *Su estilo natural para relacionarse no es excusa para tener una conducta pecaminosa.* No es bíblico decir: "Soy una persona dominante. Atropello a todos. Perdóneme si le hago daño". El Espíritu de Dios equilibra su estilo natural. El versículo para memorizar esta semana es el equilibrio de Dios para el temperamento autosuficiente de Pablo. El Señor permitió un "aguijón en su carne" para enseñarle que no era tan fuerte como pensaba. El

> Dios puede usar cualquier estilo para relacionarse que se someta a su voluntad y sea útil a sus propósitos.

apóstol descubrió el poder de Dios en su debilidad. Aprendió a vanagloriarse en su debilidad y no en sus logros.

2. *Descubrir su estilo natural para relacionarse no determina cómo automáticamente usted se comunicará en cada relación y situación.* Dios lo creó como un ser viviente, no como una máquina. Usted puede escoger su estilo natural aunque no siempre determinará esas selecciones.

Dios lo ayudará a entender su labor de líder servidor mientras usted determina los puntos fuertes y débiles de su estilo. La actividad de aprendizaje siguiente se creó para hacerlo así y es una parte principal del estudio de esta semana. Se incluye una evaluación para completar que demostrará ser una experiencia interesante y motivadora.

Esta actividad se basa en una teoría de conducta usada a menudo por otros escritores cristianos. El modelo de cuatro categorías ha sido probado durante mucho tiempo y tiene un fuerte apoyo científico. Mi fuente principal para entender esta teoría de conducta es la guía y enseñanza de mi amigo Ken Vogees, que escribió un libro titulado "*Understanding How Others Misunderstand You*"[1] (Entienda cómo otros lo mal entendieron). Aquí incluimos la planilla de evaluación que él escribió. Vogees usó las letras DISC para representar los cuatro estilos principales para relacionarse.

- D se usa para el estilo "dominante."
- I para el "influyente"
- S para el "sólido"
- C representa "concienzudo"

He aquí cómo estas letras se comparan con otros modelos similares.

DISC	SMALLEY/TRENT[2]	LaHaye[3]
Dominante	León	Colérico
Influyente	Nutria	Sanguíneo
Sólido	Perdiguero dorado	Flemático
Concienzudo	Castor	Melancólico

Planee dedicarle un tiempo extra a esta evaluación, completándola tan exactamente como sea posible. También dedique algún momento hoy (o durante la semana, si fuera necesario) a pensar en lo que ha descubierto y cómo los resultados se reflejan en su estilo de liderazgo. Pregúntese: ¿Cómo esta comprensión me ayuda en mi labor de líder servidor? En la próxima reunión tendrá la oportunidad de hablar sobre su estilo para relacionarse.

Complete la evaluación tan exactamente como pueda. Algunos puntos pueden ser difíciles, pero haga lo posible por clasificar cada serie de términos tan honestamente como refleje la personalidad que Dios le dio. Durante la reunión con el grupo, no se le pedirá que comente una información específica que no desee dar a conocer. Su clasificación de cada serie no refleja una respuesta correcta o equivocada, tampoco asume que un estilo de personalidad particular es preferible a otro. Los resultados lo ayudarán a ver un cuadro de los puntos fuertes que posee y que quizás no haya visto antes, y a considerar cómo usarlos en el liderazgo del servidor.

EVALUACIÓN PARA RELACIONARSE[4]

☐	☐	☐	☐
☐ Enérgico	☐ Vivaz	☐ Modesto	☐ Discreto
☐ Agresivo	☐ Emotivo	☐ Complaciente	☐ Constante
☐ Directo	☐ Animoso	☐ Agradable	☐ Acertado
☐ Tenaz	☐ Compasivo	☐ Dócil	☐ Perfeccionista
☐ Atrevido	☐ Impulsivo	☐ Amable	☐ Precavido
☐ Competitivo	☐ Expresivo	☐ Sustentador	☐ Preciso
☐ Arriesgado	☐ Hablador	☐ Relajado	☐ Objetivo
☐ Argumentador	☐ Divertido	☐ Paciente	☐ Lógico
☐ Audaz	☐ Espontáneo	☐ Estable	☐ Organizado
☐ Dirigente	☐ Optimista	☐ Apacible	☐ Concienzudo
☐ Cándido	☐ Alegre	☐ Leal	☐ Serio
☐ Independiente	☐ Entusiasta	☐ Buen oyente	☐ Altas normas
_____ Total	_____ Total	_____ Total	_____ Total

Nota: Si los cuatro totales no suman 120, usted no completó correctamente la encuesta o cometió algún error al sumarlos. Vuelva a revisar su trabajo.

Conteo de su calificación

1. Si no ha sumado sus calificaciones en cada una de las columnas verticales, hágalo ahora. Entonces, en el cuadro en blanco que está encima de la primera columna, escriba la letra "d". Encima de la segunda columna escriba "i"; sobre la tercera, "s" y en la cuarta, "c". Transfiera cada total DISC de la parte de abajo de la evaluación a los cuadros siguientes:

D	I	S	C

2. Use estos totales y dibuje su dimensión D-I-S-C en este gráfico que sigue. Entonces una los cuatro puntos. (Vea el ejemplo al final). Esto se convertirá en su perfil personal DISC.

Ejemplo

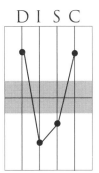

PERFIL DISC

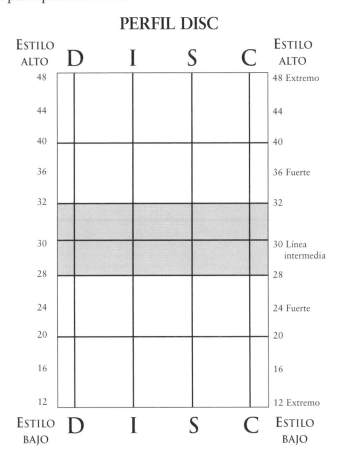

3. Después de completar el gráfico haga un círculo alrededor de los puntos sobre la línea intermedia (30). Mi estilo alto es:

_____

4. Encontrará una breve definición de los cuatro estilos de personalidades DISC en la página 62. Haga un círculo alrededor del estilo que mejor defina su personalidad. Probablemente tenga características de cada uno de los cuatro estilos, pero hágase esta pregunta: ¿Cuál estilo se parece más a mí? Ese es el que debe encerrar en un círculo.

Definiciones de estilos DISC[5]

Estilo dominante: Se esfuerza por alcanzar metas y obtener resultados. Se desenvuelve mejor en un medio activo y retador.

Estilo influyente: Se relaciona con las personas mediante la persuasión verbal. Trabaja mejor en un ambiente favorable y amistoso.

Estilo sólido: Se desarrolla sustentando y cooperando con otros; se desenvuelve mejor en medios armoniosos y de apoyo.

Estilo concienzudo: Trabaja para que las cosas salgan correctamente y se concentra en los detalles; trabaja mejor en un ambiente estructurado y organizado.

¿Qué relación tiene esto con lo que reveló su gráfica de perfil DISC? Considere cómo los resultados de su encuesta se trazaron en el gráfico. Fíjese no sólo en lo que está alto, sino también en lo bajo. Pregúntese: ¿Esta información refleja con exactitud mi personalidad y cómo me relaciono con otros?

Ahora, personalice su estilo DISC completando las siguientes oraciones:

- A causa de mi estilo especial para relacionarme con otros, provisto por Dios, tiendo a trabajar en...

_____

- y me desenvuelvo mejor en...

_____

- Pero, también veo estas cualidades adicionales de mi personalidad dada por Dios:

_____

Lo más importante de esta evaluación es reflexionar en esta pregunta: ¿Qué relación hay entre el liderazgo del servidor y mi estilo para relacionarme? ¿Cómo puedo usar el temperamento que Dios me dio para que Dios lo use cambiando mi iglesia y mi comunidad?

Mientras piensa en estas preguntas preste atención a la tabla siguiente que hace un sumario de los posibles puntos fuertes y débiles de cada estilo de liderazgo.[6]

Dominante		Influyente	
Puntos fuertes	*Puntos débiles*	*Puntos fuertes*	*Puntos débiles*
Directo	Muy dominante	Gregario	Olvida las metas
Activo	Odia la rutina	Entusiasta	Seguimiento pobre
Decisivo	Odia los detalles	Muy flexible	Obvia los detalles

Sólido		Concienzudo	
Puntos fuertes	*Puntos débiles*	*Puntos fuertes*	*Puntos débiles*
Cooperativo	No se enfrenta	Detallista	Inflexible
Reflexivo	Detesta los cambios	Concienzudo	Rígido
Sustentador	Muy comprometedor	Precavido	Indeciso

Observe que cada estilo tiene puntos fuertes y débiles. No hay estilo que pueda satisfacer todas las necesidades. Intencionalmente, Dios creó una variedad de estilos, ninguno más importante o necesario que otro. Todos los dones y puntos fuertes son importantes para todo el ministerio del siervo de su iglesia. Al mismo tiempo, cada punto fuerte incontrolable puede convertirse en una debilidad que no debe servir de excusa para cometer faltas. Una persona y una iglesia constantemente deben esforzarse para cumplir sin pretextos el ministerio recibido de Dios.

La diversidad de estilos dentro de la iglesia puede a veces producir conflictos, pero brinda el importante equilibrio necesario para cumplir la encomienda de Dios. Nos recuerda una importante lección: *En el servicio a Dios todos somos necesarios y todos nos necesitamos unos a otros.*

Haga un círculo alrededor de las palabras o frases del diagrama de la página 62 que mejor lo describa. Esta es una oportunidad para recordarle quién es usted en Cristo y pensar cómo puede Él usarle en el ministerio del siervo. Honestamente agradezca sus puntos fuertes y objetivamente piense en las debilidades que necesita ver y buscar cómo vencer.

Mientras analiza el diagrama, puede ser divertido pensar en su esposo o esposa o un amigo con el que trabaje. ¿Cómo usa Dios sus estilos para complementarse el uno al otro?

Mañana usted completará una actividad interesante que comparará su estilo con el de una personalidad conocida de la Biblia. Verá cómo Dios utilizó la personalidad de ese personaje y considerará cómo puede Él también usar su estilo para hacer una diferencia en el mundo.

Miremos ahora las vidas de líderes bíblicos para descubrir cómo Dios ha usado hombres y mujeres, iguales a usted, para cumplir sus propósitos.

PABLO: UN LÍDER DOMINANTE

Pablo representa a un líder servidor que Dios escogió para servir de una forma especial. Observemos el estilo del apóstol para relacionarse y veamos cómo Dios lo usó y moldeó para su servicio. En los siguientes pasajes busque cómo Pablo se relacionó con otros.

Lea Gálatas 2.11-19. Pablo le escribe a las iglesias de Galacia para que luchen contra la herejía que negaba la salvación a través de la fe.

¿A quién se refirió Pablo en este pasaje? (Gálatas 2.11)

_____

¿Cuál era el tono de su mensaje? (Gálatas 2.11-14)

_____

_____

¿Cree que en sus comentarios había lugar para transigir?
　　❏ Sí　　　❏ No

Lea Hechos 15.36-41. Pablo quería regresar a las iglesias establecidas en su primer viaje misionero. Invitó a Bernabé para que lo acompañara. Bernabé quería llevar con ellos a Juan Marcos.

Intencionalmente, Dios creó una variedad de estilos, ninguno más importante o necesario que otro.

¿Por qué Pablo no quería llevar a Juan Marcos? (Hch 15.38)

_____

¿Cómo describe la Biblia su desacuerdo? (Hch 15.39)

_____

¿Qué decidió hacer Pablo? (Hch 15.40)

_____

Describa al margen cómo cree que Pablo se relacionó con otros. Haga una lista de los puntos fuertes y débiles de su estilo para relacionarse.

Puntos fuertes del estilo de Pablo   *Puntos débiles del estilo de Pablo*
1._____   1._____
2._____   2._____
3._____   3._____

Los puntos fuertes del estilo de Pablo pueden incluir su compromiso con la tarea que Dios le asignó, su determinación y decisión en situaciones difíciles. Los puntos débiles pueden incluir un espíritu dominante y la tendencia a obviar los sentimientos de las personas. Dios usó el estilo dominante de Pablo para dirigir la nueva misión de llevar el evangelio alrededor del mundo.

JESÚS: UN LÍDER DOMINANTE

Jesús fue el humano perfecto. En su vida mostró los puntos fuertes positivos de cada estilo de conducta. Nunca violó la ley de Dios mientras daba el ejemplo de estos estilos para relacionarse. En Juan 8.12-59, Jesús nos mostró un estilo de liderazgo dominante cuando se enfrentó a los líderes religiosos de su tiempo.[7] Cuestionaron el testimonio de Jesús. El Maestro se enfrentó a sus pensamientos enseñándoles que juzgaban mediante los patrones humanos y que no sabían nada de Él (Jn 8.15). Declaró que su testimonio es verdad porque Él y su Padre son uno y su testimonio es válido. Jesús rehusó rendirse cuando los líderes religiosos le retaban.

BERNABÉ: UNA PERSONA INFLUYENTE

Encontramos a Bernabé al principio del libro de Hechos. Era un levita de la isla de Chipre. Su nombré era José, pero los apóstoles lo llamaban Bernabé, que quiere decir "hijo de consolación" (Hch 4.36-37). Sabemos que tenía un corazón generoso y dividió sus posesiones con la iglesia.

Lea Hechos 9.23-28. Jesús había acabado de llamar a Saulo de Tarso para ministrar a los gentiles. Pablo comenzó a predicar en Damasco, pero huyó a Jerusalén cuando algunos líderes religiosos planearon matarlo.

¿Qué pensaron los creyentes de Jerusalén acerca de Saulo? (Hch 9.26)

Jesús mostró los puntos fuertes positivos de cada estilo de conducta.

¿Quién animó a los discípulos para confiar en Saulo? (Hch 9.27)

_____

¿Qué sucedió cuando Bernabé apoyó a Saulo? (Hch 9.28)

_____

Vuelva a Hechos 15.36-41. Lea el pasaje desde el punto de vista de Bernabé. ¿Por qué cree que Bernabé quería llevar a Juan Marcos?

_____

¿Por qué cree que Pablo y Bernabé formaban tan buen equipo? ¿Por qué cree que rompieron ese equipo para ministrar?

_____

Escriba al margen cómo describiría el estilo para relacionarse de Bernabé y luego haga una lista de sus puntos fuertes y débiles.

Puntos fuertes de Bernabé	*Puntos débiles de Bernabé*
1._____	1._____
2._____	2._____
3._____	3._____

Los puntos fuertes de la personalidad de Bernabé pueden incluir su naturaleza sobresaliente, su entusiasmo y flexibilidad. Los débiles pueden incluir su pobre capacidad para cumplir órdenes y la fuerte necesidad de complacer a otros.

JESÚS: UN LÍDER INFLUYENTE

Jesús también ejemplificó las características positivas de un estilo influyente. Cuando vino al pozo en Samaria, persuasivamente y con sensibilidad, se acercó a la mujer que estaba allí (Jn 4.1-42).[8] Cuando ella preguntó acerca del agua y dónde debía adorar, el Maestro gentilmente la guió hacia Él mismo, el agua de vida. Jesús influyó para que ella confiara en Él. Jesús la enfrentó a su pecado sin dañar su ya herido corazón.

Dios usó al dominante Pablo y al influyente Bernabé para hacer su voluntad y llevar el evangelio de Jesucristo alrededor del mundo. Sus puntos fuertes los complementaban, pero llevados al extremo causaron una ruptura de relaciones.

Dios usó el estilo fuerte de Pablo para enfrentar conflictos y retos en su misión. Usó el estilo influyente de Bernabé para traer a Pablo a la iglesia y sanar a personas heridas como Juan Marcos. Dios le da a las personas una variedad de estilos para relacionarse que brinden equilibrio al equipo del ministerio de la iglesia. Nosotros nos necesitamos unos a otros.

Recuerde que su estilo natural para relacionarse no es una excusa para pecar. El Espíritu de Dios equilibra su tendencia natural con el temperamento de Dios. Por ejemplo, no importa cuál sea su estilo, el fruto del Espíritu (Gl

5.22-23) siempre es parte de las relaciones de un líder servidor. El Espíritu de Dios le moldea su temperamento para la gloria de Él.

SUMARIO

- Usted tiene un estilo natural para relacionarse con otros.
- Hay cuatro estilos principales para relaciones. Cada uno tiene sus puntos fuertes y débiles.
- Dios usó el estilo dominate de Pablo para llevar el evangelio alrededor del mundo.
- El Señor usó el estilo influyente de Bernabé para edificar el primer equipo misionero y restaurar a Juan Marcos en la misión de la iglesia.
- El Espíritu Santo de Dios es el equilibrio de su estilo natural.

[1]Vogees y Braund, *Understanding How Others Misunderstand You.*(Chicago: Moody, 1990).

[2]Gary Smalley y John Trent, *The Two Sides of Love*, (Pomona, CA: Focus on the Family Publishers, 1990), 34,36.

[3]T. LaHaye, *Spirit Control Temperament.*(Wheaton, IL: Tyndale House Pub., 1966).

[4]La encuesta de relación incluida en las páginas 60 y 61 está adaptada de *DISC Relationship Survey y Team Building Survey;* publicadas por In His Grace, Inc., Houston, Texas Copyright 1995. Usadas con permiso.

[5]Ibid.

[6]Ibid

[7]Vogees and Braund. *Undestanding How Others Misunderstand You*, 271.

[8]Ken Vogees and Mike Kempaining. *Understanding Jesus*, (Chicago: Moody Press, 1992), 24.

Cómo relacionarse con otros (Segunda parte)

USTED HOY:

- Aprenderá cómo Dios le da poder para vencer los conflictos causados por las preferencias personales.
- Observará el estilo para relacionarse de Abraham, el padre de la fe.
- Comparará estilos para relacionarse.
- Examinará cómo Dios se relacionó con Moisés.

UNA HISTORIA DE CAMBIO

Un miembro de la iglesia me llamó y me dijo que necesitaba hablar conmigo. Yo sabía que estaba preocupado con algunos de los cambios que habíamos hecho en los servicios de adoración y en la organización. Fuimos de un estilo tradicional de adoración a uno de adoración y alabanza. Lo hicimos por dos razones: (1) Para ser más sensibles a la dirección del Espíritu de Dios y (2) para ayudar mejor a las muchas personas que sentíamos que Dios quería que alcanzáramos. Pero también cambiamos la organización de la iglesia para poder tomar decisiones más rápida y correctamente.

El cambio es fácil para mí, lo veo como parte de la vida. Un antiguo refrán dice: "el cambio es lo único que no cambia". Las cosas que crecen cambian y es una señal saludable de las cosas vivas. Creo que las iglesias que cambian son saludables. Las que no lo hacen están muertas. Aunque pronto descubrí que no todo el mundo está de acuerdo conmigo.

Escuché a mi colaborador de trabajo mientras me comentó que los cambios recientes eran demasiado para su gusto. Habían sucedido muy rápido y consideraba que habían personas molestas y confusas. (Yo también sabía algo de su vida personal: su compañía sufrió una reorganización grande. Sus hijos estaban por abandonar el hogar. El cambio era lo único constante en su vida). Me dijo que su familia quería comenzar a buscar otra iglesia, y agregó: "Jim, todo en mi vida está cambiando. No quiero que mi iglesia cambie también". De nuevo le expliqué por qué pensaba que los cambios eran necesarios y cómo creía que Dios estaba reavivando la iglesia para alcanzar las próximas generaciones, y esto era parte de ese avivamiento. Me habló de su deseo de tener más regularidad en los servicios y algún sentido de tradición.

Hablamos durante largo rato. Oramos, nos abrazamos y él se fue. Me quedé solo en la oficina preguntándome dónde me había equivocado.

Mientras recordaba la conversación, me di cuenta que había aprendido que las personas reaccionan al cambio basadas tanto en su temperamento, como en su teología. Él quería una iglesia estable y predecible. Yo acepté la variedad y el cambio. Ninguno de los dos estábamos equivocados, simplemente deseábamos cosas distintas basadas en cómo Dios nos ha hecho. He visto más conflictos motivados por cómo nos relacionamos con otros (lo cual

Mientras recordaba la conversación, me dí cuenta que mi amigo me había enseñado que las personas reaccionan al cambio basadas tanto en su temperamento, como en su teología.

afecta cómo vemos el mundo) que por una teología equivocada.

Los conflictos ocurren más a menudo cuando forzamos nuestras tendencias naturales hacia los extremos. Así es que los puntos fuertes se convierten en debilidades.

Quizás usted haya tenido una experiencia similar con algún amigo o miembro de la iglesia. Ven las cosas diferente, pero siguen siendo amigos porque usted siente más amor por esa persona que desacuerdo con sus preferencias. Las iglesias trabajan mejor cuando los miembros aceptan los estilos para relacionarse con otros y buscan satisfacer las necesidades de esas personas, mientras que no se comprometa el mensaje de Cristo. Las relaciones permanecen fuertes a medida que los miembros siguen el ejemplo de Dios para convivir unidos como un cuerpo con toda su diversidad (1 Co 12.14-26).

La Biblia enseña con toda claridad cómo debemos servirnos en amor unos a otros. Colosenses 3.12-14 dice: "Vestíos, pues, como escogidos de Dios, santos y amados y de entrañable misericordia, de benignidad, de humildad, de mansedumbre, de paciencia; soportándoos unos a otros y perdonándoos unos a otros si alguno tuviere queja contra otro. De la manera que Cristo os perdonó, así también hacedlo vosotros. Y sobre todas estas cosas vestíos de amor, que es el vínculo perfecto".

Haga un círculo alrededor del "vestido" que usted debe usar como hijo escogido de Dios.

¿Cuál debe ser su norma para perdonar?

_____

¿Cuál virtud es el vínculo perfecto?

_____

Si es un líder servidor, debe sentir la necesidad de relacionarse y servir a los demás con el mismo amor y perdón que Cristo nos amó y perdonó.

Pídale a Dios que le recuerde con quién ha tenido un conflicto. Trate de comprender las diferencias de estilos para relacionarse que hayan contribuido al problema. Pídale al Señor que le vista de su amor y le dé la gracia para perdonar con la misma indulgencia que Él lo ha perdonado a usted. Esta semana decida ir a donde está esa persona y buscar el perdón.

Estudiemos dos personajes bíblicos que representan estilos para relacionarse.

ABRAHAM: UN LÍDER ESTABLE

Dios escogió a Abraham para ser el padre de su pueblo escogido. (Véase Gn 12.) Lo envió desde su tierra natal a la tierra prometida de Canaán. En el camino, mientras obedecía a Dios, varios hechos revelaron el estilo para relacionarse de Abraham. El primero sucedió cuando fue a Egipto a causa del hambre en la tierra.

Lea Génesis 12.10-20. ¿Qué le sugirió Abraham a Sarai para evitar conflictos con los egipcios? (Gn 12.11-13).

¿Qué nos dice esto del estilo para relacionarse de Abraham?

_____

Dios hizo un pacto con Abraham, Él haría a sus descendientes tan numerosos como las estrellas del cielo. (Véase Gn 15.1-6.) El único problema era que Abraham no tenía descendientes; él y Sarai eran muy viejos.

Lea Génesis 16.1-6. Este pasaje describe el estilo de Abraham para relacionarse con su esposa, Sarai. ¿Quién hizo la sugerencia de tener un hijo de Agar, la sierva egipcia? (Gn 16.1-2)

_____

¿Cuál fue la respuesta de Abraham a esta sugerencia? (Gn 16.3-4)

_____

¿Qué nos dicen estos versículos acerca del estilo de Abraham para relacionarse con su esposa?

_____

A Abraham no le gustaba el conflicto. Prefería la armonía, la estabilidad y la seguridad en las relaciones. No le gustaba el dolor, ni cambios ni inseguridades, pero gracias a su fe en Dios venció estas tendencias para evitar incertidumbres. Su disposición para sacrificar a Isaac, su única esperanza física del pacto con Dios, probó este hecho (véase Gn 22.1-19).

Abraham fue honrado en las Escrituras por su fe. El escritor de Hebreos describió así a este hombre de fe: "Por la fe Abraham, siendo llamado, obedeció para salir al lugar que había de recibir como herencia; y salió sin saber a dónde iba" (Heb 11.8). Aunque la tendencia de Abraham era buscar solidez en la estabilidad de la vida y de las relaciones, Dios lo usó para ser el padre de la nación de Israel y establecerse en la tierra prometida.

Escriba en el margen cómo describiría el estilo para relacionarse de Abraham. Luego haga la siguiente lista:

Puntos fuertes del estilo de Abraham   *Puntos débiles de Abraham*
1. _____   1. _____
2. _____   2. _____
3. _____   3. _____

Los puntos fuertes de Abraham incluyen un espíritu cooperativo, acciones deliberadas y una actitud de apoyo. Quizás parezca débil porque no se enfrentaba a otros, no le gustaban los cambios y a menudo transigía demasiado.

JESÚS: UN LÍDER ESTABLE

Jesús también mostró la solidez del estilo estable para relacionarse con los demás. Cuando los líderes religiosos le trajeron a la mujer sorprendida en adulterio, el Maestro alivió la situación desviando la atención hacia Él mismo (Jn 8.1-9). Desplazó la atención antes de impartir una lección. Este incidente demostró la habilidad de Jesús para formar relaciones estables con los que se le enfrentaban sin recurrir a la mentira, como hizo Abraham.[1]

Cómo describiría el estilo para relacionarse de Abraham

_____

_____

_____

_____

_____

MOISÉS: UN LÍDER CONCIENZUDO

Dios escogió a Moisés para sacar de la esclavitud al pueblo de su pacto. Dios también lo llamó para grabar los diez mandamientos. La elección de Dios requería un tipo especial de persona. Vamos a ver algunos hechos de la vida de Moisés que revelan su estilo natural para relacionarse y cómo Dios lo usó para cumplir sus propósitos.

Lea Éxodo 2.11-20. ¿Qué hizo Moisés cuando vio al egipcio pegándole a un compatriota? (Éx 2.12).

_____

Cuando Moisés huyó a Madián, ¿qué hizo cuando los pastores echaron a las hijas de los sacerdotes? (Éx 2.17)

_____

¿Qué dicen estos dos incidentes acerca del estilo natural de Moisés?

_____

Lea Éxodo 32.19-29. Dios había guiado a Israel fuera de Egipto. El pueblo estaba acampando al pie del monte Sinaí y Moisés estaba en la montaña hablando con Dios. La gente se empezó a intranquilizar y crearon un becerro de oro (Éx 32.1-6). Comenzaron a adorarlo. ¿Qué hizo Moisés cuando bajó de la montaña y vio lo que el pueblo estaba haciendo?

_____

¿Qué nos dice esto respecto al compromiso de Moisés con las leyes de Dios?

_____

Lea Éxodo 34.4-9. Dios le dijo a Moisés que se lo revelaría. ¿Qué le dijo Dios acerca de sí mismo cuando pasó frente a Moisés en la montaña?

_____

Dios le reveló estos atributos a Moisés para equilibrar sus altas normas de santidad. Moisés necesitaba conocer la compasión de Dios para mantener su santidad. Moisés respondió en adoración (Éx 34.8-9).

Describa el estilo para relacionarse de Moisés. Haga una lista de los puntos fuertes y débiles de su estilo.

Puntos fuertes del estilo de Moisés	_Puntos débiles de Moisés_
1._____	1. _____
2._____	2. _____
3._____	3. _____

Los puntos fuertes de Moisés fueron su preocupación por la justicia, su atención a los detalles y sus altas normas morales. Las debilidades eran su inflexibilidad, rigidez e indecisión.

JESÚS: UN LÍDER CONSCIENTE

Jesús también demostró los puntos fuertes de este estilo para relacionarse. Cuando le preguntaron acerca de las Escrituras, defendió la autoridad de la Palabra de Dios. En un debate con los líderes religiosos de sus tiempos (Mt 22.23-46) afirmó claramente las intenciones de Dios en las Escrituras. Jesús, conscientemente, cumplió con los patrones de santidad de Dios mientras que los enseñó a los que le preguntaban.[2]

DIOS USA A LAS PERSONAS PARA CUMPLIR SUS PROPÓSITOS

Dios usó los temperamentos de Abraham y Moisés para llevar a cabo sus propósitos en el mundo: La solidez de Abraham fue útil para enseñar la fe y los altos principios de Moisés para grabar su ley perfecta. A ambos, Dios también les dio poder con su presencia y palabra para hacer aún más de lo que sus capacidades naturales les permitían.

UNA COMPARACIÓN DE ESTILOS PARA RELACIONARSE

Ahora que ha observado los estilos para relacionarse de Pablo, Bernabé, Abraham y Moisés, pregúntese: ¿Cuál de estos estilos se parece más al mío? Vuelva a mirar los puntos fuertes y débiles de cada persona, tanto como los perfiles mostrados aquí. Estos perfiles DISC muestran los posibles perfiles de estas cuatro distinguidas personalidades.[3] Vuelva a ver su perfil, que completó ayer, y vea cómo se compara con el posible perfil de Pablo, Bernabé, Abraham o Moisés.

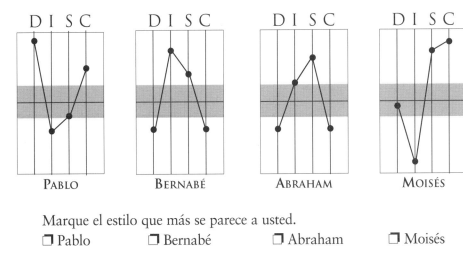

PABLO   BERNABÉ   ABRAHAM   MOISÉS

> Dios usó los estilos para relacionarse de estos líderes servidores para llevar a cabo su plan en el mundo.

Marque el estilo que más se parece a usted.

❏ Pablo   ❏ Bernabé   ❏ Abraham   ❏ Moisés

Durante esta semana, mientras reflexione en las actividades de este manual, recuerde los siguientes aspectos: estos patrones e interpretaciones sólo se basan en un perfil de conducta (falta información acerca de la inteligencia, valores personales, versatilidad y otros que pueden afectar su conducta.) Repito, ningún patrón en particular es bueno, malo o mejor que otro. Conocer el suyo le dará el discernimiento que lo capacitará para entenderse a usted mismo y a otros, de forma tal que se engrandezca su potencial y habilidades como un eficiente líder servidor de Cristo.[4]

SUMARIO

- Los conflictos suceden cuando los estilos naturales de las personas causan diferencias de opinión y/o son forzados hacia los extremos.
- La Palabra de Dios enseña que usted debe ser compasivo y perdonador

con los que tienen conflictos.

- Dios usó a Abraham para enseñar la fe bíblica.
- Dios utilizó a Moisés para dictar sus leyes al pueblo.
- Dios puede fortalecer y encontrar a otros en la iglesia que equilibren su estilo natural para que se cumplan sus propósitos.

[1]Vogees y Braundt. *Understanding How Others Misunderstand You, Workbook*, 110.
[2]Ibid.
[3]Los gráficos de la página 71 se tomaron del libro *Undestanding How Others Misunderstand You*, de Ken Vogges y Ron Braundt. Copyright 1990,1995 Moody Bible Institute of Chicago. Moody Press. Usado con permiso.
[4]Vea Vogees and Braundt, 132.

De nuevo veremos el versículo para memorizar esta semana. Mientras completa el trabajo de hoy, vuelva a leer estas palabras y dedique unos momentos para escuchar cómo Dios le habla.

"Y me ha dicho: Bástate mi gracia; porque mi poder se perfecciona en la debilidad. Por tanto, de buena gana me gloriaré más bien en mis debilidades, para que repose sobre mí el poder de Cristo" (2 Co 12.9).

Ahora cubra el versículo y trate de escribirlo de memoria. No se preocupe si no lo completa. Al final de esta semana, Dios dejará esas palabras sembradas firmemente en su corazón ampliando así su significdo.

Trate de escribir a continuación el versículo que debe memorizar esta semana:

_____

_____

_____

_____

_____

_____

_____

_____

Habilidades vocacionales (Primera parte)

USTED HOY:

- Examinará qué significa "vocación" en relación con su perfil S.I.R.V.E.
- Verá cómo Dios usó el oficio de los que llamó.
- Evaluará sus habilidades vocacionales en relación a su liderazgo.

¿QUÉ ES UNA HABILIDAD VOCACIONAL?

Cuando piensa en una vocación, ¿qué viene a su mente?

_____

Si así piensa de una vocación, describa una habilidad vocacional.

_____

La palabra "vocación" proviene del latín "vocare", que significa "llamar". Entonces, una vocación es lo que uno se siente llamado a hacer con su vida. En tiempos antiguos, un sentido del llamado divino era parte de la persona en el mundo. Una vocación era parte de los planes de Dios para la vida de una persona. Dios llamaba y uno respondía y obtenía las habilidades necesarias para vivir ese llamado. Hoy, la vocación es realizar cualquier profesión u ocupación. Una habilidad vocacional es lo que aprendió para mejorar su llamado en la vida.

En el mundo secular actual, se usa la palabra carrera. Usted escoge su carrera. En lugar de buscar el plan de Dios, el mundo le enseña a decidir qué quiere hacer y entonces, estudiar para lograrlo. En el Nuevo Testamento, Pablo estimuló a los cristianos de Éfeso: "Andéis como es digno de la vocación con que fuisteis llamados" (Ef 4.1). No estaba hablando de sus trabajos. El apóstol los estimuló para que adoptaran un estilo de vida compatible a lo que eran en Cristo. El "llamado" en la Biblia es la posición de uno en Cristo, no su posición en el mundo.

Cualquiera que sea su vocación, su llamamiento es ser digno de la salvación que Dios le da en Cristo Jesús. En su carta a los Colosenses, Pablo escribió: "Y todo lo que hagáis, hacedlo de corazón, como para el Señor y no para los hombres; sabiendo que del Señor recibiréis la recompensa de la herencia, porque a Cristo el Señor servís" (Col 3.23-24). Cualquier cosa que haga, Dios lo llama a vivir como un hijo suyo, honrándolo a través de sus acciones.

Para cumplir el propósito de este estudio vamos a explicar que una vocación es lo que usted hace para satisfacer sus necesidades en esta sociedad, reconociendo la obra de Dios en su vida, hace esa selección. El llamamiento es un llamado de Dios para obtener salvación en Cristo Jesús y cumplir una misión especial en su vida que esté de acuerdo a los propósitos de Él.

Escoja uno de los personajes bíblicos que aparecen a continuación. Lea el pasaje que relata la vida de esa persona. Escriba su vocación (lo que hizo para vivir) y el llamamiento de esa persona, (lo que Dios le pidió que hiciera).

Cualquiera que sea su vocación, su llamamiento es ser digno de la salvación que Dios le da en Cristo Jesús... Lo que haga en la vida es menos importante que lo que hace con su vida.

	Vocación	*Llamamiento de Dios*
Moisés (Éx 3.1-10)	_____	_____
Simón Pedro (Mc 1.16-18)	_____	_____
Pablo (Hch 18.1-3; 9.1-16)	_____	_____
Lidia (Hch 16.14-15,40)	_____	_____

Moisés era un pastor de ovejas y las llevaba a comer, beber y también las protegía. Dios lo llamó para liberar a su pueblo de la esclavitud. Pedro era un pescador, pero Dios lo llamó a seguir a Jesús y convertirse en pescador de hombres. Pablo hacía tiendas y Dios lo llamó a usar esa vocación para mantenerse mientras llevaba las buenas nuevas. Lidia vendía telas. Dios la llamó para que usando esos medios mantuviera la misión con los gentiles. Dios llamó a diferentes personas para reconciliar al mundo con Él. Dios usó lo que hacían como un trabajo para cumplir ese llamado.

JESÚS ERA UN CARPINTERO

Casi nunca pensamos en Jesús como una persona con un oficio. Sin embargo, hasta la edad de 30 años que apareció en la vida pública, tenía la vocación de carpintero, siguiendo las pisadas de José (Mc 6.3). Sólo podemos especular sobre lo que hizo como carpintero. Quizás Dios lo usó en ese tiempo para crear herramientas necesarias y muebles de árboles no desbastados, recordándole a Jesús su poder y gozo en el acto de la creación. Reparar lo que le traían reflejaría su deseo de arreglar los corazones rotos de las personas. Jesús era muy conocido en su pueblo natal (Mc 6.1-6). Tal vez por la amabilidad que mostraba cuando ayudaba a otros con su vocación de carpintero. Dios lo puso en el hogar de un carpintero para enseñarle un oficio y moldearle su corazón para el ministerio.

UNA HISTORIA PERSONAL

Un momento decisivo en mi vida sucedió cuando supe que podía tener cualquier trabajo y además vivir el llamado de Dios. Ya les relaté el llamado de Dios para buscar una vocación cristiana de tiempo completo. Estaba convencido de que Dios quería que yo fuera pastor. Mi temperamento y modelos para el ministerio me guiaron para ser la persona "al frente". Después de graduarme en la universidad y casarme (en ese mismo orden), me uní a una iglesia para trabajar de asistente de pastor. Esto fue ideal para comenzar los estudios en el seminario. Pronto me ví pasando la mayor parte del tiempo con los jóvenes. Mi esposa era maestra de escuela secundaria, así que nuestras profesiones eran afines. En 1979, el año en que inicié mis estudios de doctorado, esta iglesia (de tres mil miembros) me pidió que fuera el ministro de los jóvenes. Mi esposa y la familia de la iglesia sintieron que Dios nos quería allí, así que lo aceptamos muy gustosamente.

Después de tres años trabajando a tiempo completo y habiendo terminado mi doctorado en el seminario, un amigo de la universidad me llamó y pidió que considerara dirigir una fundación privada que ministraba a través

Dios puso a Jesús en el hogar de un carpintero para enseñarle un oficio y moldearle su corazón para el ministerio.

de campamentos y centros de conferencias. Habíamos soñado juntos con tener un ministerio de campamento para ayudar a la juventud necesitada. Los campamentos de verano para jóvenes siempre fueron para mí la actividad más importante del año. ¡Quería hacerlo todo el tiempo! De nuevo, mi esposa y la iglesia estuvieron de acuerdo en que esa era la voluntad de Dios. Fue una decisión difícil. Por alguna razón sentía que estaba abandonando mi llamamiento. ¿Cómo podría ser pastor si Dios me llamaba para ser el director ejecutivo de una fundación privada desconocida?

Terminé mi doctorado. Pero pronto me sentí frustrado con mi título de estudios neotestamentarios, aunque daba una clase de Escuela Dominical e iba con los estudiantes a los cursillos de nuestros campamentos. ¿Estaba haciendo lo que Dios me había llamado a hacer? No tenía sentido.

Un día me senté tranquilamente en una montaña de un campamento en Colorado. Le abrí mi corazón a Dios. Oré diciendo ¿por qué no me has hecho pastor? Tengo un título y experiencia. Sé hacer el trabajo. ¿Por qué a la edad de 33 años no me has dejado hacer lo que 16 años atrás pensé que era tu llamado?

Estaba muy molesto.

Entonces, la apacible y tierna voz del Espíritu me dijo: "Gene, aunque fueras un cartero podrías hacer lo que te he llamado a hacer". Escuché algo más. El Espíritu de Dios me señaló que lo que estaba haciendo, tenía muy poco que ver con su posesión de mi vida. El Espíritu continuó: "Sé fiel a la tarea que tienes en tus manos". Presentí que Dios sabía cómo todo estaba trabajando para su beneficio. Me vino a la mente Romanos 8.28. Ese día separé mi carrera del llamamiento de Dios. No tenía que estar en la posición escogida por mí para ser parte de ese llamado para mi vida. Advertí que Dios puede usar a cualquiera, en cualquier trabajo, para hacer su voluntad. Suspiré aliviado y bajé del monte a dirigir un estudio bíblico para un grupo de estudiantes de secundaria. Con el tiempo, he visto cómo mi llamado y carrera se han mezclado. Dios, no yo, decidió cuándo y cómo debían unirse. Dios me enseñó que aunque usted sea cartero o predicador, el Señor lo llama para seguirlo. Ese llamado de Dios tiene la prioridad por sobre las carreras elegidas por usted. Pero, cualquiera que sea, Dios puede usarla para completar Su plan para su vida.

¿Cuál es su historia?

La Biblia define con claridad lo que Dios lo llama a hacer. A través de las Escrituras encontramos listas de conductas piadosas. En Cristo, Dios lo llama a vivir para Él en cada área de su vida. Jesucristo puede usar su vocación para realzar su llamado en la vida. Pero su trabajo es secundario al llamado de Dios.

Escriba lo que crea que Dios lo ha llamado a hacer con su vida.

_____

_____

_____

> *Dios me enseñó que aunque usted sea un cartero o un predicador, el Señor lo llama para seguirlo. Ese llamado de Dios tiene la prioridad por sobre las carreras elegidas por usted.*

Usted también puede haber escogido una carrera. Describa cuál fue y por qué la escogió.

_____

_____

_____

Ahora, reflexione en el llamado de Dios y la carrera elegida. Haga una lista pensando en cómo pueden servirse una a la otra.

_____

_____

_____

Mañana veremos las habilidades vocacionales específicas que usted tiene, y que Dios puede usar para realzar su llamado en la vida.

Sumario

- Una vocación es lo que usted hace para satisfacer las necesidades en esta sociedad.
- Una habilidad profesional es una destreza que se aprende para mejorar su carrera en la vida.
- En la Biblia el llamamiento es la posición de uno en Cristo, no la de uno en el mundo.
- Llamamiento es el llamado de Dios para salvación en Cristo Jesús y el llamado de Dios para cumplir una misión especial que esté de acuerdo a sus propósitos.
- Dios puede usar las habilidades que usted haya adquirido durante su carrera para complementar su llamamiento en la vida.

De nuevo veamos el versículo para memorizar esta semana, en esta oportunidad con algunas palabras omitidas. Complételo. No se preocupe si necesita ayuda, vuelva a la página 57.

"Y me ha dicho:_____ mi gracia porque mi poder se perfecciona en_____. Por tanto, de buena gana me gloriaré más bien en mis debilidades para que_____sobre mí_____ _____" (_____ 12.9).

Habilidades vocacionales (Segunda parte)

USTED HOY:

- Observará cómo Dios usó dos habilidades vocacionales de Pablo para llevar adelante su misión.
- Verá cómo usar sus habilidades para hacer la voluntad de Dios.
- Hará un inventario de habilidades que usará para servir a Dios.

HABILIDADES VOCACIONALES DE PABLO

Dios preparó a Pablo con habilidades vocacionales singulares antes que Él lo llamara a testificar en el mundo de los gentiles. Las habilidades para interpretar las Escrituras y hacer tiendas, estaban directamente relacionadas con el llamado de Dios para ser un mensajero del evangelio.

Lea Filipenses 3.5-6. Escriba en el margen su respuesta a las siguientes preguntas:

¿Cuál era la carrera de Pablo antes de su conversión?

¿Qué habilidades adquirió en esta posición?

Debido a que Saulo se crió en un hogar judío, aprendió de memoria partes importantes del Antiguo Testamento (Hch 26.4-6). Fue a Jerusalén para prepararse como fariseo y allí aprendió la ley del Antiguo Testamento, su interpretación y cómo ellos aplicaban las Escrituras en la vida cotidiana. Pablo aprendió el lenguaje bíblico de los hebreos y también arameo, su dialecto nativo. Aprendió a leer el Antiguo Testamento según la versión griega de los Setenta. Lo prepararon para confrontar debates. Era apasionadamente leal a las tradiciones orales enseñadas por su maestro Gamaliel (Hch 22.3). Los estudios de Saulo como fariseo, lo prepararon para entender las Escrituras y poder decir quién era Jesús y por qué vino.

Lea Gálatas 3.10-14. Este es el argumento de Pablo para la justificación por fe. ¿Cuántos versículos del Antiguo Testamento usó en este pasaje? ____

Conocer la ley del Antiguo Testamento y cómo los judíos la interpretaban, ¿en qué lo ayudó para explicar la justificación por fe a sus lectores?

Carrera:

_____

_____

Habilidades:

_____

_____

_____

En su discusión acerca de la justificación por fe, Pablo mencionó en cuatro ocasiones el Antiguo Testamento en los versículos 10,11, 12 y 13. Dios usó las habilidades de Pablo y su Palabra para explicar el plan de salvación.

Dios usó la segunda habilidad vocacional de Pablo que le ayudaría en su llamado. Como un joven judío, aprendió un oficio. Hasta que Pablo narra su segundo viaje misionero, no se supo que su oficio era hacer tiendas (Hch 18.3). El término general que usa se refiere a uno que trabajaba con pieles. En los días de Pablo, era común que los maestros y escribas tuvieran un oficio que los sustentara, además del estudio y la enseñanza de la ley.

Lea 1 Corintios 9.1-15. Subraye los versículos que dan al maestro el derecho de recibir pago por su labor.

¿Qué dijo Pablo acerca de sí mismo en los versículos 12 y 15?

_____

Pablo dijo que tenía todo el derecho de aceptar dinero por sus enseñanzas. Rehusó la práctica de estos derechos "por no poner ningún obstáculo al evangelio de Cristo" (v. 12). En el versículo 15 repitió que no había usado ninguno de sus derechos para aceptar dinero por ser maestro.

Lea 1 Tesalonicenses 2.9. Pablo se defendió ante los cristianos de Tesalónica diciendo que no había tomado dinero de ellos. ¿Qué hizo en su lugar?

_____

La habilidad vocacional de Pablo, hacer tiendas, le proporcionó recursos económicos y una plataforma para su llamado a predicar el evangelio. Iba a una ciudad, alquilaba un puesto para llevar a cabo su oficio y discutía "en la plaza cada día con los que concurrían" (Hch 17.17). Pablo aprendió esta habilidad antes que Dios lo llamara. El Señor usó esa habilidad para llevar el evangelio alrededor del mundo. Si sigue los viajes misioneros de Pablo, encontrará que prolongaba las visitas donde habían grandes centros de comercios. Tanto Corinto como Éfeso tenían mercados y poblaciones donde podía usar su oficio para sustentar el llamado de Dios en su vida.

Dios permitió que Pablo aprendiera a interpretar las Escrituras y hacer tiendas. Entonces, lo presentó a su hijo Jesucristo. Nada fue igual después de ese encuentro.

UNA HISTORIA ACTUAL

Esteban es graduado de medicina general. También es fiel esposo, cristiano y padre. Está convencido de que el aborto es un error. Dios puso en su corazón una visión para usar su carrera de medicina ayudando a las mujeres que tenían embarazos indeseados. Nuestra iglesia ya cooperaba en una asociación con un centro local de crisis de embarazo.

Dios le dio a Esteban un "empujoncito" para que conociera al director del centro. Pronto ambos estaban hablando de convertir el centro en una clínica. Después de varios meses de oración y trabajo, el centro de crisis de embarazos del condado de Collin se convirtió en la _Clínica_ de crisis de embarazos del condado de Collin. Este es el primer centro convertido en clínica, en el estado de Texas.

La clínica ofrece gratis el examen de embarazo y los de confirmación de éste. Todo esto es hecho para llevar a cabo la Gran Comisión y el Gran Mandamiento. El equipo de la clínica ha descubierto que a los que escuchan el latir del corazón del bebé y ven su imagen, le es más difícil abortar al niño. Junto a consejeros compasivos que hablan de Cristo y cuidan de la madre, Esteban y la clínica, son un faro de verdad para los que buscan ayuda.

Esteban ya era médico. Parte de esa decisión fue el llamado de Dios en su vida. Dios lo llamó para usar sus habilidades vocacionales con el fin de hacer algo distinto para su reino y de un modo singular. Esteban es un líder servidor que invirtió sus habilidades vocacionales en el trabajo del Señor.

MIS HABILIDADES VOCACIONALES

Las habilidades vocacionales son las que se adquieren para realizar una carrera y/o afición. Hagamos un inventario de sus habilidades. Use la tabla siguiente para crear su inventario de habilidades:

Habilidad	Cómo la utilizo en mi vocación
1. _____	
2. _____	
3. _____	

MIS HABILIDADES PARA EL LLAMAMIENTO DE DIOS

Dios usó las habilidades vocacionales de Pablo para cumplir su llamamiento en la vida. El Señor puede hacer lo mismo con usted. Ahora que hizo el inventario de sus principales habilidades, dedique un tiempo para pensar en cómo Dios puede usarlas para esparcir el evangelio.

Por ejemplo, si una de sus habilidades es la carpintería, usted puede usarla para construir estantes en las aulas de preescolar es de su iglesia o para una misión local o un ministerio. Sea creativo mientras considera cómo puede usar sus habilidades para la gloria de Dios.

Habilidad	Cómo Dios puede usar esta habilidad para su misión
1. _____	
2. _____	
3. _____	

SUMARIO

- Dios le dió a Pablo habilidades vocacionales únicas antes de llamarlo para testificar al mundo de los gentiles.
- La preparación vocacional de Pablo, como fariseo, lo preparó para usar las Escrituras diciendo quién era Jesús y por qué vino.
- La habilidad vocacional de Pablo, construyendo tiendas, le brindó sustento y una plataforma para su llamado a predicar el evangelio.
- Al igual que Pablo, sus habilidades se pueden transformar para servir a Dios.

De nuevo veamos el versículo para memorizar esta semana. En esta ocasión con más palabras omitidas. Complételo y trate de no buscar atrás.

"Y me ___ dicho: _____ mi gracia porque mi _____ se perfecciona en _____. Por tanto, de buena gana me gloriaré más bien en mis _____ para que repose sobre _____ el _____ de _____".
(_____).

Dedique ahora unos momentos para brevemente escribir lo que Dios le haya dicho esta semana respecto al versículo, y cómo sus palabras se han hecho más significativas en su vida.

Entusiasmo

USTED HOY:

- Definirá "entusiasmo". Verá qué relación tiene con usted como líder servidor.
- Verá qué papel desempeñó en la vida de Apolos.
- Observará cómo Juan el Bautista dió un ejemplo de la pasión bíblica y un principio del liderazgo servidor.
- Completará su perfil S.I.R.V.E.

¿Ha conocido a alguien que estuviera muy entusiasmado con lo que estaba haciendo? Nada parecía desalentarlo. Estaba ansioso por hacer su trabajo y se notaba. La palabra *entusiasmo* viene de la palabra griega que literalmente significa "en dios." Nuestra palabra adquiere el significado "dios en usted". Los griegos creían que un dios podía entrar en una persona e inspirarla o entusiasmarla. Hoy, entusiasmo significa un interés intenso o vehemente. Usted puede decir: "Vivian está entusiasmada con su trabajo en la iglesia. Le gusta ser editora de publicaciones". Las personas entusiastas hacen que la labor de servir sea agradable.

Haga una lista de personas conocidas que sean entusiastas. Entonces conteste: ¿Qué señala su entusiasmo?

Personas entusiastas que conozco	*¿Qué hacen?*
1._____	1._____
2._____	2._____
3._____	3._____

Aunque la palabra griega *entusiasmar* no se encuentra en el Nuevo Testamento, se hace énfasis en que la presencia de Dios da energías al creyente (Jn 14.20; 20.21-22; Mt 28.18-20; Hch 1.8). La Biblia nos habla de personas muy entusiastas en sus trabajos. Esto no es una emoción generada por ellos mismos. En nuestro estudio, el entusiasmo es un deseo dado por Dios para servirle satisfaciendo las necesidades de otros. Los líderes servidores sienten la pasión que Dios les ha dado para servir.

Hoy observaremos tres personas que eran líderes servidores entusiastas en su servicio a Dios. También veremos cómo se diferenciaban en su pasión por la obra de Dios.

JESÚS: UN LÍDER ENTUSIASTA

Jesús estaba plenamente confiado y entusiasmado con su ministerio. Las personas sentían atracción hacia Él a causa de su pasión por lo que significaba su vida. Jesucristo enseñó con entusiasmo. La Biblia dice que después del Sermón del Monte "la gente se admiraba de su doctrina; porque les enseñaba

> *Los líderes servidores sienten la pasión que Dios les ha dado para servir.*

como quien tiene autoridad" (Mt 7.28-29). Vemos un reflejo de su pasión por los discípulos cuando les dice: "No se turbe vuestro corazón; creéis en Dios, creed también en mí" (Jn 14.1). Vemos la pasión que lo consumía por hacer la voluntad de Dios cuando declaró: "Porque he descendido del cielo, no para hacer mi voluntad, sino la voluntad del que me envió. Y esta es la voluntad del Padre, el que me envió: que de todo lo que me diere, no pierda yo nada, sino que lo resucite en el día postrero" (Jn 6.38-39). ¡Jesús sentía una gran pasión por su misión, y lo demostró!

APOLOS: UN MAESTRO APASIONADO
Lea Hechos 18.24-26. ¿De dónde era Apolos? (Hch 18.24)

_____

¿Cómo la Biblia describe sus habilidades y entusiasmo?

_____

Apolos venía de un centro intelectual de Alejandría en Egipto. Esta ciudad fue donde se originó la traducción al griego del Antiguo Testamento. Lucas nos dice que Apolos era "varón elocuente, poderoso en las Escrituras". (Hch 18.24). Había sido enseñado en los caminos del Señor. Hablaba con gran fervor. La Biblia dice que enseñaba con esmero acerca de Jesús, pero su enseñanza estaba incompleta. Él sólo conocía el bautismo de Juan, un bautismo de arrepentimiento.

La frase que describe sus enseñanzas, "con gran fervor", es traducida del modismo "hervir en el espíritu".[1] A Apolos le encantaba enseñar acerca de Jesús. En Éfeso, donde Pablo había dejado a Priscila y Aquila, Apolos predicaba audazmente acerca de Jesús.

El entusiasmo de Apolos, sin embargo, no ocultaba que su conocimiento era incompleto. Sólo conocía el bautismo de Juan. Rebosaba de pasión, pero estaba equivocado. Los Proverbios advierten: "El alma sin ciencia no es buena" (Pr 19.2). Sólo el entusiasmo no es suficiente para ser un líder servidor. Lucas nos dice que Priscila y Aquila recibieron a Apolos en su hogar y "le expusieron más exactamente el camino de Dios" (Hch 18.26). Se llama tutor al que hace lo que ellos hicieron (de esto hablaremos en la semana 5.) La pasión debe ser equilibrada con un espíritu semejante a Cristo y un conocimiento completo de Dios.

JUAN EL BAUTISTA: UN LÍDER SERVIDOR APASIONADO
Lea Juan 3.22-30. ¿Qué dice el versículo 23 acerca del éxito del ministerio de Juan?

_____

Algunos de los discípulos de Juan vinieron a él y le señalaron acerca del éxito de otro. ¿Qué le dijeron a Juan? (Jn 3.26).

_____

Escriba las diferentes partes de las respuestas de Juan:
V. 27   No puede el hombre...

_____

Ser entusiasta no es suficiente para convertirse en un líder servidor.

V. 28	Yo no soy el Cristo...
V. 29	El amigo del esposo... se goza grandemente...
V. 30	Es necesario...

Juan primero señaló que el éxito solamente viene de Dios (Jn 3.27). Era parte del plan de Dios que las personas vinieran a Jesús. Juan también reafirmó que él no era el Mesías. Había sido enviado antes que el escogido de Dios para preparar el camino del Señor (Jn 3.28). Entonces Juan se refirió a una analogía de la vida diaria. Dijo que solamente el esposo toma esposa. El amigo que atiende al esposo es casi siempre su mejor amigo. Su gozo y trabajo terminan cuando le entrega la esposa al esposo (Jn 3.29). Juan dijo que su gozo era completo porque las personas estaban aproximándose a Jesús. Concluyó comunicando la alegría verdadera de un líder servidor. Dijo: "Es necesario que Él crezca, pero que yo mengüe" (Jn 3.30).

¡Juan estaba pleno de gozo porque Dios estaba cumpliendo su voluntad ante sus ojos! Él sabía que su lugar era secundario, comparado al del enviado de Dios que vino con la canción de salvación para todas las personas. El mayor gozo de un líder servidor es ver a Dios obrando, y ser partícipe del mismo. Es una pasión dada por Dios por el éxito de su plan.

Los líderes servidores se gozan cuando se hace la voluntad de Dios. Ellos saben que deben menguar y que Cristo debe crecer. Esta actitud es consecuente con el primero y segundo principio del liderazgo del servidor:

1. Los líderes servidores se humillan y esperan que Dios los exalte.

2. Los líderes servidores siguen a Jesús en lugar de buscar una posición.

El gozo de Juan era diferente al entusiasmo de Apolos. Apolos tenía la pasión aunque desconocía todos los hechos. Juan, sin embargo, sentía un gran gozo porque vio completar el plan de Dios con sus propios ojos.

Al principio de esta sesión señalamos que la palabra entusiasmo no se encuentra en el lenguaje original del Nuevo Testamento. Sin embargo, la Biblia dice con toda claridad que el Espíritu Santo de Dios es la fuente de pasión en el creyente por la misión de Dios. Pablo declaró que es "Cristo en vosotros" lo cual quiere decir: "la esperanza de gloria" (Colosenses 1.27).

No generamos esperanza por nuestra cuenta. Dios nos imparte la energía mediante el Espíritu Santo. Jesús prometió que el Espíritu Santo será nuestro consolador y "os guiará a toda la verdad" (Jn 16.7-13). Él es nuestro guía y consolador mientras seguimos al Señor. La pasión y entusiasmo por el ministerio vienen de Dios.

Una nota importante: Su entusiasmo, dado por Dios, a veces es su única fuente de gozo en el ministerio. Mientras guía, enfrentará obstáculos y desilusiones. Muchos lo criticarán. A veces dudarán de sus motivos. La pasión por la obra, que Dios pone en su corazón, absorbe estas cosas y le permite seguir adelante en su ministerio.

No generamos esperanza por nuestra cuenta. Dios nos imparte la energía mediante el Espíritu Santo

Su entusiasmo

¿Qué ha hecho Dios arder en su corazón para hacer su misión en la tierra? Dedique un momento para considerar esto. En actitud de oración escriba sus respuestas a las siguientes oraciones, complételas con honestidad y de corazón:

Lo que hago por Dios que más hace latir mi corazón aceleradamente es...

_____

Si pudiera hacer algo por Dios, sería...

_____

Sumario

- En nuestro estudio, el entusiasmo es un deseo dado por Dios para servirle a Él satisfaciendo las necesidades de otros.
- Ser entusiasta no es suficiente para convertirse en un líder servidor.
- El entusiasmo, dado por Dios, es a veces la única fuente de gozo en el ministerio.
- Los líderes servidores se gozan cuando se hace la voluntad de Dios. Los líderes servidores saben que deben menguar y que Cristo debe crecer.

Vaya a su perfil S.I.R.V.E., en la página 84, complete cada sección a partir de la información obtenida en estas dos semanas de estudio. Esté preparado para comunicar estos conocimientos a su grupo en la próxima reunión.

[1]Louw and Nida. *Greek - English Lexicon of the New Testament based on Semantic Domains* (United Bible Society, 1988) 1:297, 8.

¿Qué ha hecho Dios arder en su corazón para hacer su misión en la tierra?

2 Corintios 12.9
Usted ha estudiado este versículo toda la semana. Ahora trate de escribirlo completo y de memoria.
Para muchas personas no es fácil memorizar las Escrituras. Hágalo como mejor pueda; revise lo que escribió y continúe agradecido por la bendición de tener la palabra de Dios, ahora guardada para siempre en su corazón.

MI PERFIL S.I.R.V.E.

Creo que Dios me ha preparado para el liderazgo servidor y por tanto estoy descubriendo que me ha moldeado en las áreas siguientes:

- Dios me ha dado los siguientes dones espirituales (véase la pág. 42):

- Dios ha permitido que estas experiencias me guíen para sus propósitos (véase la pág. 55):

- Dios me ha creado para relacionarme naturalmente más a menudo con otros de la siguiente forma (véase la pág. 62):

- Dios me ha dado oportunidades para desarrollar estas habilidades vocacionales que se pueden usar en su servicio (véase la pág. 79):

- Dios ha hecho arder en mi corazón el entusiasmo para servir en esta área del ministerio (véase la pág. 83):

Yo dedico estos dones, talentos y habilidades a Dios y al servicio de su reino.

Firmado: _____ Fecha: _____

L a importancia de la preparación y la motivación no se puede exagerar. Recuerdo haber observado el caso de un ujier que nombraron, pero no prepararon, al que pidieron orar por las ofrendas y entonces se sentó sin ayudar a recogerlas. Era un ujier dispuesto, pero su preparación estaba incompleta. ¡Sólo hizo la mitad de lo que debía hacer!

Una tarea primordial de todos los líderes de la iglesia es preparar a otros para satisfacer juntos las metas del grupo. Jesús pasó tres años preparando a sus discípulos para trabajar en los ministerios que tendrían por el resto de sus vidas. Pablo le recordó a los cristianos de Éfeso que aquellos a quienes Dios había dado el don de dirigir debían preparar a otros para servir (Ef 4.12). Los líderes preparan y motivan a otros, mientras trabajan juntos para lograr metas comunes del ministerio.

Hasta este punto del estudio, usted se ha concentrado principalmente en su relación interna con Cristo y la iglesia. Esta mirada interior era necesaria para entender las expectativas que Jesús tenía para los líderes y cómo Él lo ha preparado a usted para ser un líder servidor.

Esta semana empezaremos a ver la importancia que tiene preparar a otros, como parte del trabajo de los líderes servidores. Descubrirá cinco pasos para hacerlo. Observará cómo Jesús preparó a sus seguidores más cercanos. Examinará algunos ejemplos bíblicos de líderes que prepararon a otros para cumplir la misión de la iglesia.

Estos pensamientos no son exhaustivos. Este estudio es sólo un comienzo para la preparación del liderazgo en la iglesia. Por supuesto, los principios que aquí se dan a conocer son importantes para cualquiera que desee seguir el precepto bíblico de cómo se prepara a otros para servir.

Esta semana usted:
- Entenderá la necesidad de motivar a otros para servir en el cuerpo de Cristo (Primer día).
- Verá cómo preparar a los que ha motivado para unirse al servicio (Segundo día).
- Comprenderá sus necesidades (Tercer día).
- Descubrirá áreas en las que puede instruirlos (Cuarto día).
- Aprenderá que orar por ellos es la herramienta más poderosa que tiene para guiar y preparar a otros (Quinto día).

SEMANA 4:

CÓMO PREPARAR A OTROS

VERSÍCULO PARA MEMORIZAR ESTA SEMANA:

"Y él mismo constituyó a unos, apóstoles; a otros, profetas; a otros, evangelistas; a otros, pastores y maestros, a fin de perfeccionar a los santos para la obra del ministerio, para la edificación del cuerpo de Cristo" (Efesios 4.11-12).

Motive a otros para servir

USTED HOY:
- Aprenderá cuál es la responsabilidad del líder servidor y cómo se prepara a otros para el ministerio.
- Observará cómo Jesús motivó a sus discípulos en el ministerio.
- Verá cómo Bernabé alentó a Pablo para que lo ayudara a satisfacer una necesidad en Antioquía.
- Considerará a qué personas motivar para unírsele en el ministerio.

Juana tiene dos hijos y su pasión es alcanzar niños para Cristo. Es una líder servidora.

Durante los primeros ocho años de mi ministerio en la iglesia de Legacy Drive, no teníamos director para el ministerio con los niños. Así que cada verano los miembros de la iglesia dirigían la escuela bíblica de vacaciones. Juana lo hizo en el verano de 1995 y nombró un equipo de liderazgo que la ayudara. Instruyó y motivó a cada miembro para que buscara otras personas que a su vez los ayudaran en las tareas asignadas. Una vez me invitó a una reunión sólo para que dijera: "¡Adelante con el trabajo!" Juana dijo que me llamaría si fuera necesario. Yo no me ofendí. Me dejó libre para pastorear, en lugar de planificar la escuela bíblica de vacaciones. Ese verano, cuando al fin llegó la "semana", ¡habían 143 voluntarios y alrededor de 400 niños matriculados! ¡Una escuela completamente dirigida por líderes laicos! Mi única responsabilidad fue presentar el mensaje del evangelio, el jueves.

Juana es una líder que preparó a otros para alcanzar la meta. Demostró cuán cierto es que un líder servidor prepara a otros para servir juntos.

En su iglesia usted tiene líderes servidores como ella. Antes de continuar leyendo, escriba en el margen los nombres de algunos líderes servidores que sean como nuestra directora de la escuela bíblica de vacaciones.

Los líderes servidores saben que su responsabilidad es preparar a otros para servir. No piensan que son los únicos capaces de hacerlo. Ken Hemphill señaló que: "cada miembro del cuerpo es un líder; aunque algunos simplemente tienen más responsabilidades".[1] Usted también debe preparar a otros líderes para que sirvan juntos en el ministerio. La iglesia trabaja mejor cuando ocurren dos cosas: (1) Los miembros saben cómo Dios los ha moldeado; y (2) Están adiestrados para trabajar en el ministerio (o ministerios) para los cuales han sido preparados.

Adiestrar a otros para servir sigue el concepto del sexto principio del liderazgo del servidor: "Los líderes servidores delegan en otros sus responsabilidades y autoridad para satisfacer necesidades mayores".

EL PRIMER PASO PARA PREPARAR LÍDERES

Los líderes servidores motivan a otros para que se involucren en el ministe-

---

La iglesia trabaja mejor cuando ocurren dos cosas: (1) los miembros saben cómo Dios los ha moldeado; y (2) están adiestrados para trabajar en el ministerio (o ministerios) para los cuales han sido motivados.

Los nombres de los líderes servidores que conozco son:

_____

_____

_____

_____

_____

rio. Conocen el gozo de encontrar un lugar para servir y quieren que los demás también lo encuentren. Saben que los que no participan en el ministerio están perdiendo algo del plan de Dios para sus vidas.

El primer paso para adiestrar a otros para servir es motivarlos a involucrarse en el ministerio.

Motivar significa: Atraer hacia uno. Usted motiva a alguien cuando se coloca a su lado durante un tiempo para consolarlo y ayudarlo.

JESÚS MOTIVÓ A SUS DISCÍPULOS

Jesús llamó a los doce para que lo siguieran hasta la cruz y fueran testigos suyo alrededor del mundo. Pasó gran parte de su tiempo motivándolos. Juan 14 contiene algunas de las palabras más estimulantes de Jesús para sus seguidores. Sus discípulos estaban preocupados por su Maestro. Mientras más se acercaban a Jerusalén más les inquietaba pensar qué le sucedería.

Lea Juan 14.1-4. ¿Qué le dijo Jesús a sus seguidores para motivarlos?

_____

Lea Juan 14.5-7. Tomás hizo la pregunta que quizás estaba en la mente de todos: "¿Cómo podemos saber el camino?" ¿Cómo la respuesta de Jesús motivó a sus seguidores?

_____

Lea Juan 14.12-14. ¿Qué le prometió Jesús a sus discípulos?

_____

¿Cómo cree que esto los motivó para unirse en el ministerio?

_____

¿Qué piensa acerca de estas promesas?

_____

Jesús dijo que Él mandaría a otro consolador que estaría con ellos para siempre. Otro nombre para el Espíritu Santo es: Consolador (Jn 14.16).[2] Jesús dijo que no dejaría huérfanos a sus discípulos. Mandaría su Espíritu Santo para que estuviera con ellos. El Maestro sabía que sus seguidores necesitarían su presencia para guiarlos y motivarlos en el futuro. Cristo preparó a sus seguidores más cercanos motivándolos para que contaran con su poder mientras servían.

BERNABÉ MOTIVÓ A PABLO

Lea Hechos 11.19-24. Usted ya ha conocido a Bernabé en las semanas 2 y 3. ¿Cuáles eran sus dones espirituales? (Semana 2, tercer día, página 40).

_____

¿Cuál era su estilo para relacionarse? (Semana 3, primer día, páginas 64-65).

_____

La iglesia en Jerusalén supo lo que estaba sucediendo en Antioquía, cómo la

Cristo preparó a sus seguidores más cercanos motivándolos para que contaran con su poder mientras servían.

mano del Señor se manifestaba allí "y gran número creyó y se convirtió al Señor" (Hch 11.21). La iglesia envió a Bernabé a Antioquía. Según el versículo 23, ¿qué hizo Bernabé cuando vio la evidencia de la gracia de Dios sobre aquellas personas?

_____

La Biblia dice que Bernabé "era varón bueno, y lleno del Espíritu Santo y de fe". Dios lo usó para traer muchas personas al Señor (Hch 11.24). Bernabé era un líder servidor.

Lea Hechos 11.25-26. A medida que la iglesia en Antioquía crecía en número, se hacía necesario mejorar la enseñanza. Los nuevos convertidos necesitaban que les enseñaran a seguir en el camino con el Señor. Bernabé reconoció esta necesidad. ¿Cómo reaccionó ante esta necesidad? (Hch 11.25-26).

_____

¿Qué hicieron juntos Bernabé y Pablo? (Hch 11.26)

_____

Bernabé vio una necesidad en la joven iglesia de Antioquía. Los nuevos convertidos necesitaban una enseñanza bíblica intensiva. Sabía que Saulo de Tarso era un maestro experimentado en las Escrituras. Bernabé viajó hasta Tarso y motivó al fariseo, convertido al cristianismo, a venir con él para que lo ayudara a satisfacer esta necesidad.

Lea otra vez Hechos 11.26. ¿Cuánto tiempo dice la Biblia que los dos enseñaron a la gente? ¿Cómo cree usted que esto impactó a la iglesia?

_____

Bernabé era un líder servidor que animó a Saulo a unirse a él en el ministerio. Este mismo Saulo se convirtió rápidamente en el más grande misionero que la iglesia haya conocido. Pablo sabía la importancia del estímulo. En dos ocasiones diferentes le dijo a los cristianos de Tesalónica que se motivaran los unos a los otros (1 Ts 4.18 ; 5.11).

La iglesia siempre ha tenido hombres y mujeres como Bernabé que nunca dirigen solos sino que preparan a otros para servir juntos en el ministerio. Juana es como Bernabé. Ella vio la necesidad de enseñar a los niños en la escuela bíblica y animó a otros a unirse en ese ministerio. Los líderes servidores motivan a otros a unirse a ellos en el ministerio.

Jesús demostró cómo motivar a otros en el ministerio recordándoles su poder y presencia en sus vidas.

EVALUACIÓN PERSONAL
En actitud de oración, mientras considere verse como alguien que debe motivar a otros a tomar un lugar en el ministerio, conteste las siguientes preguntas:

1. ¿Qué le dijo Jesús a sus discípulos que más lo motivó a usted?

_____

2. En su vida usted puede haber tenido a alguien como Bernabé que se le

Los líderes servidores motivan a otros para que se unan a ellos en el ministerio.

acercara y lo invitara a unirse en un ministerio que, eventualmente, lo llevó a servir. Si usted tiene o ha tenido alguna vez a tal persona en su vida, escriba su nombre. Diga qué le pidieron hacer que lo colocó en el ministerio.

_____

3. Quizás ahora esté ocupando una posición de liderazgo. Escriba los nombres de una o dos personas que conozca a quienes usted pueda animar para que se le unan en su ministerio:

_____

4. ¿Qué ve en ellos para creer que están listos para servir? Haga aquí una lista de esas cualidades:

_____

_____

_____

_____

5. Cuando piense motivar a otros para que busquen una posición en el ministerio, evalúe su propia vida. ¿Hay algo en su vida que pudiera impedir que otra persona acepte su invitación para servir? Proverbios 27.19 dice: "Como en el agua el rostro corresponde al rostro, así el corazón del hombre al del hombre". ¿Qué refleja su corazón a otros? Piense en esta pregunta por un momento y en actitud de oración escriba su respuesta:

_____

_____

_____

_____

De nuevo veremos el versículo para memorizar esta semana. Mientras completa el trabajo de hoy lea varias veces, en voz alta, estas palabras de Pablo. Tenga un momento a solas con Dios y escúchele hablar a su corazón acerca del liderazgo servidor.

"Y él mismo constituyó a unos, apóstoles; a otros, profetas; a otros, evangelistas; a otros, pastores y maestros, a fin de perfeccionar a los santos para la obra del ministerio, para la edificación del cuerpo de Cristo" (Ef 4.11-12).

SUMARIO

- Esté atento a las personas que quiera preparar para el ministerio.
- El primer paso para preparar a otros es motivar al que queremos involucrar en el ministerio.
- Jesús ejemplificó cómo motivar a otros recordándoles su poder y presencia en sus vidas.
- Bernabé satisfizo una necesidad en la joven iglesia de Antioquía al motivar a Saulo para que se le uniera en el ministerio de la enseñanza.
- Los líderes servidores conocen el gozo del servicio y animan a otros a involucrarse en el ministerio.

[1]Ken Hemphill. *The Antioch Effect*. (Nashville: Broadman & Holman, 1994),84.

Escoja una persona idónea

La motivación sin adiestramiento es como el entusiasmo sin dirección.

USTED HOY:

- Aprenderá el segundo paso para adiestrar a otros.
- Aprenderá cómo hacer una *evaluación para encontrar una persona idónea.*
- Observará cómo Jesús evaluó a los que querían seguirle.
- Examinará cómo Pablo enseñó a Timoteo a evaluar a otros para el ministerio.
- Analizará cómo evaluar a los que ha estimulado.

Motivar a alguien para que se involucre en el ministerio no es suficiente. La motivación sin adiestramiento es como el entusiasmo sin dirección. Usted se mueve mucho, ¡pero hace poco! Los líderes servidores guían a aquellos que animan a unírseles en el ministerio. Jesús dijo "los haré pescadores de hombres", pero no dejó que Simón y Andrés se las arreglaran por su cuenta. El Maestro invirtió los tres años siguientes de su vida preparándolos para lo que les había llamado a hacer. El líder servidor también debe adiestrar a quienes invita a servir junto a usted. Veamos el próximo paso para preparar a otros.

El segundo paso es evaluar a los que servirán.

En esta sección, *evaluar* tiene dos aspectos. El primero es saber si la persona reúne ciertos requisitos relacionados a ser un seguidor de Cristo. Esto incluye la condición espiritual de la persona y su disposición para servir a otros. El segundo es comprobar si la persona es competente para servir en el ministerio para el que usted lo está estimulando. Para esto usamos el perfil S.I.R.V.E. de la persona (semana 3, quinto día, página 84) y estudiamos las habilidades específicas del ministerio que esa persona ha aceptado realizar.

1. *Un líder servidor evalúa a los que prepara, exponiéndoles las normas del discipulado y probando su disposición para servir a otros.*

Jesús evaluó a sus seguidores manteniendo altas normas del discipulado. Regresemos a Lucas 14. Nos referimos al mismo capítulo donde encontramos el incidente de los que buscaban lugares en la mesa presidencial. Después de la historia de Jesús acerca de tomar los puestos de atrás, Lucas nos dice que "grandes multitudes iban con Él" (Lc 14.25). ¡La mayoría de los líderes de la iglesia verían esto como algo bueno y lo publicarían en los periódicos de las convenciones estatales! Jesús, sin embargo, sabía que la mayoría de aquellos seguidores no tenían ni idea de lo que significaba seguirlo a Él.

Lea Lucas 14.26-27. ¿Cuáles son los requisitos para seguir a Jesús?

_____

Lea Lucas 14.28-32. ¿Cuáles son los dos ejemplos que dio Jesús para ayudar a las multitudes a considerar lo que les costaría seguirlo?

Lea Lucas 14.33. ¿Cuál fue el requisito final de Jesús para ser uno de sus discípulos?

_____

Jesús fue muy claro al exponer el precio del discipulado. El Maestro se arriesgó a perder gran número de sus discípulos para mantener a quienes confiaban en Él y su misión. Cristo comenzó a preparar a su seguidores exponiéndolos a altas normas del discipulado. De esa misma forma un líder que sigue el ejemplo de Jesús, debe aclarar muy bien a los otros el precio de servir.

Nota importante: Nadie es perfecto. Usted no puede esperar demasiado de una persona antes que madure más en Cristo. El peligro del legalismo existe en cualquier momento en que usted exponga a la persona a las altas normas bíblicas del discipulado. Nadie vive de acuerdo a los ideales bíblicos. Usted es un ministro, "no de la letra, sino del espíritu; porque la palabra mata mas el espíritu vivifica" (2 Co 3.6). El peligro opuesto al legalismo, sin embargo, es no tener patrones para aquellos que sirven en la iglesia. Muchas iglesias sufren porque los nombrados para servir no están capacitados bíblicamente para el trabajo. Busque un equilibrio apacible entre los patrones bíblicos y la realidad de la pecaminosidad humana.

Complete las siguiente oración. El primer significado de evaluar es:

_____

_____

2. Un líder servidor evalúa a los que prepara para conocer sus habilidades y dones relacionados con el ministerio que se le ha pedido hacer.

El líder debe saber si una persona es o no competente para un ministerio en particular. Un líder debe hacerse la pregunta: ¿sabe hacer esta persona lo que le estoy pidiendo que haga? La Biblia tiene un modelo para adiestrar a otros en el servicio.

Lea 2 Timoteo 2.2. ¿Qué le pidió Pablo a Timoteo que hiciera?

_____

_____

El patrón para llevar el mensaje de Jesús, según lo trazó Pablo es:

$$\text{Pablo} \longrightarrow \text{Timoteo} \longrightarrow \text{hombres idóneos} \longrightarrow \text{otros}$$

Pablo era el mentor de Timoteo (en la quinta semana usted aprenderá cómo ser y tener un mentor). Pablo enseñó a Timoteo mientras que viajaban juntos (Hch 16.1-5). Cuando creyó que ya estaba preparado para realizar solo el ministerio, dejó a Timoteo en Éfeso (1 Ti 1.3). Después, Pablo escribió al joven pastor y le dijo que confiara lo que había aprendido de él a los hombres fieles que fueran "idóneos para enseñar también a otros" (2 Ti. 2.2). En este versículo *idóneo* quiere decir ser competente para algo. Pablo le dijo a Timoteo que encontrara hombres fieles que pudieran adiestrar a otros. Ese patrón aún hoy sigue vigente para preparar líderes. Un modelo contemporáneo de las instrucciones de Pablo sería:

Un líder que sigue el ejemplo de Jesús, debe aclarar muy bien a los otros el precio de servir en el ministerio.

Cómo saber si una persona está capacitada para hacer la tarea que le ha motivado a hacer:

1. Conocer su perfil S.I.R.V.E. Si la iglesia no tiene archivado uno por cada miembro, guíe a los que esté preparando a través de este estudio para que completen este perfil. Será útil para presentar las enseñanzas de Jesús acerca del liderazgo y entender mejor cómo Dios los preparó para ministrar en la iglesia.

2. Pedirle que compare su perfil S.I.R.V.E. con la descripción del trabajo que usted o la iglesia crearon para el ministerio. Sus dones espirituales, experiencia, habilidades vocacionales y pasión deben ser compatibles con el ministerio y las necesidades para las que usted lo ha motivado a servir.

3. Una tercera forma de evaluar la persona para el ministerio es dedicarle tiempo para entender su corazón y su deseo de servir a Dios.

Complete la siguiente oración. El segundo significado de evaluar es:

_____

_____

UN BREVE REPASO

Complete las siguientes oraciones como un repaso del estudio de hoy:

El segundo paso para adiestrar a otros es :

_____

Un líder servidor evalúa a los que prepara mediante:

_____

_____

Otra forma en que un líder servidor evalúa a los que prepara es:

_____

_____

EVALUACIÓN PERSONAL

Ayer usted consideró, en oración, una o dos personas que podría estimular para que se involucraran en el ministerio (véase la página 89). Hoy evalúe su capacidad para servir. Conteste las siguientes preguntas:

¿Son discípulos que se están desarrollando en Cristo?

Nombre _____ ❏ Sí ❏ No Nombre _____ ❏ Sí ❏ No

¿Son personas confiables y fieles?

Nombre _____ ❏ Sí ❏ No Nombre _____ ❏ Sí ❏ No

¿Conoce sus perfiles S.I.R.V.E.?

Nombre _____ ❏ Sí ❏ No Nombre _____ ❏ Sí ❏ No

Si su respuesta a la última pregunta es "sí", ¿qué le dice ese perfil?

_____

Si su respuesta es "no", dedique un tiempo para guiarla a través de este estudio.

_____

¿Qué habilidades necesitaría enseñarles antes que estuvieran preparados para hacer lo que usted les pidió que hicieran?

_____

Una meta del liderazgo servidor es adiestrar a otros para el ministerio. Jesús rehusó que alguien lo siguiera sin decirle los requisitos del discipulado. ¿Cómo podría la iglesia hacer menos que Él?

Sumario

- El segundo paso es adiestrarlos para servir.
- Un líder servidor evalúa a los que prepara exponiéndoles los patrones bíblicos del discipulado y probando su disposición para ser un servidor.
- Busque un equilibrio apacible entre los patrones bíblicos y la realidad de la pecaminosidad humana cuando exponga a otros a los patrones de vivir en santidad.
- Un líder servidor evalúa a los que prepara conociendo sus habilidades para el ministerio al cual han acordado servir.
- Un modo de evaluar a una persona es conocer su perfil S.I.R.V.E.

De nuevo veremos el versículo para memorizar esta semana. Mientras que completa el trabajo de hoy, lea otra vez estas palabras y entonces tómese unos momentos para escuchar a Dios.

" **Y él mismo constituyó a unos, apóstoles; a otros, profetas; a otros, evangelistas; a otros, pastores y maestros, a fin de perfeccionar a los santos para la obra del ministerio, para la edificación del cuerpo de Cristo**" (Ef. 4.11-12).

Ahora oculte el versículo y trate de escribirlo de memoria. No se preocupe si no lo recuerda completo. Al final de esta semana Dios habrá sembrado firmemente en su corazón estas palabras y su significado aumentará.

Comprenda sus necesidades

USTED HOY:

- Aprenderá el tercer paso para adiestrar a otros.
- Observará cómo vio Jesús las necesidades de sus discípulos.
- Aprenderá dos formas para comprender las necesidades de los que usted adiestra.
- Evaluará su progreso al adiestrar a otra persona para el ministerio.

MIREMOS HACIA ATRÁS

Llene el espacio en blanco con las palabras de estos versículos que indican el proceso de adiestrar a otros.

_____ (1 Ts 5.11)

_____ (2 Ti 2.2)

Como líder servidor, estimulará a otros para ministrar juntos. También capacitará a los que ha pedido que sirvan. Hoy aprenderá el próximo paso para adiestrar a otros para el ministerio.

EL TERCER PASO PARA ADIESTRAR A OTROS

Tengo dos hijas. Una de ellas juega a la pelota. Algunas veces viene a donde estoy y me dice: "Papá, no puedo pegarle a la pelota. ¿Me ayudarías?" Entonces vamos al patio y yo lanzo la pelota. Observo si ella mantiene su vista en la pelota, cómo se para y cómo mueve el bate. Luego, le hago sugerencias de lo que he visto. Mi esperanza es que al observarla batear pueda notar sus errores y entonces ayudarla. De esa misma forma se prepara a otros. Dedique tiempo observándolos en el ministerio para conocer sus necesidades.

El tercer paso para adiestrar a otros es comprender sus necesidades y satisfacerlas.

Jesús adiestró a sus discípulos luego de comprender sus necesidades. He aquí un ejemplo de cómo lo hizo.

Lea Mateo 17.14-21. Este encuentro sucedió después de la transfiguración de Jesús. El Maestro y sus tres seguidores más cercanos llegaron a una multitud. Un hombre del grupo vino a Jesucristo. ¿Qué le preguntó al Señor? (Mt 17.15)

_____

¿Qué dijo el hombre acerca de los discípulos de Jesús? (Mt 17.16)

_____

Después, los discípulos que trataron de sanar al muchacho le preguntaron a Jesús por qué ellos no pudieron sacarle el demonio. ¿Cuál fue la respuesta del Maestro? (Mt 17.20-21; compárelo con Mc 9.29.)

_____

Jesús sabía por qué sus discípulos no pudieron sanar al muchacho. Les dijo

que carecían de fe y oración. Al observar el fruto del ministerio de los discípulos, Jesús entendió que necesitaban confiar y orar más. El Maestro adiestró
a los discípulos observando y entendiendo sus necesidades.

¿Cómo aplicaría esto a alguien que como usted, adiestra a otros para el
ministerio? Jesús observaba a los discípulos mientras lo seguían. De igual
forma usted comprenderá las necesidades de los que prepara si observa cómo
se desenvuelven en el ministerio. Esto, además, le permitirá ver qué necesitan
para convertirse en siervos más eficientes.

Haga una marca al lado de la oración (u oraciones) que exprese cómo
evaluar mejor a alguien y comprender sus necesidades.

- ❏ Esperar que la persona a quien usted está preparando venga y le pida
  ayuda.
- ❏ Esperar una queja de alguien respecto a la persona que usted reclutó
  para hacer el trabajo.
- ❏ Dedicar tiempo a esa persona mientras realiza su ministerio.
- ❏ Preguntar a otros cómo la persona realiza el ministerio.

Una forma de comprender la necesidad de una persona es observarla mientras ministra. Adiestrar a alguien significa dedicar tiempo para estar con esa
persona, mientras ministra, para evaluarla y entender sus necesidades.

Escuchar es otra forma de comprender las necesidades de la persona que
está adiestrando. Al igual que mi hija necesitaba ayuda para batear, los que
usted prepara a veces le pedirán ayuda. Asegúrese de dedicarles tiempo para
escuchar y responder.

Lea Lucas 11.1-4. ¿Qué necesidad le planteó un discípulo a Jesús?

_____

¿Cómo respondió Jesús?

_____

Los discípulos observaron cómo Jesús realizaba muchos milagros entre las
personas. También lo vieron orando durante muchas horas. Percibieron la
necesidad del poder espiritual en sus vidas. Querían tener lo que vieron en la
vida del Maestro. Una vez, cuando Jesús regresó de pasar un tiempo en oración, uno de sus discípulos le pidió que los enseñaran a orar. El Maestro respondió a esta necesidad enseñándolos a orar.

Jesús comprendió la necesidad de sus seguidores porque escuchó sus peticiones. Adiestró a los doce para el ministerio al enseñarles una oración en respuesta a su pedido cuando le preguntaron acerca de este hábito en su vida.

Un segundo modo de comprender las necesidades de los que usted está
adiestrando es escuchar sus peticiones.

A continuación escriba algunas de las preguntas que con más frecuencia
le hacen los que está adiestrando. Si no está preparando a alguien en este
momento, ¿qué preguntas cree que esas personas le harían?

1. _____
2. _____
3. _____

El Maestro adiestró
a los discípulos
observando y
entendiendo sus
necesidades.

Comprenderá las necesidades cuando escuche las preguntas que le hagan.

REPASEMOS

Complete las siguientes frases para repasar la lección de hoy:

1. El tercer paso para preparar a otros es

_____

2. Una forma de comprender las necesidades es

_____

3. Otra forma de entender las necesidades de los que usted prepara es

_____

Dios le ha dado una oportunidad para ayudar a edificar la iglesia adiestrando a otros para servir. Esta semana ore diariamente para saber a quién invitará para ministrar juntos.

SUMARIO

- El tercer paso para adiestrar a otros es comprender sus necesidades.
- Adiestrar a alguien es pasar tiempo con una persona para comprender las necesidades que tenga.
- Un modo de entender las necesidades de esa persona es observarla mientras ministra.
- Escuchar es otra manera de comprender las necesidades de los que usted prepara.
- Por este tiempo ya debe saber a quien puede invitar para que se una a usted en el ministerio.

De nuevo veremos el versículo para memorizar esta semana, en esta oportunidad con algunas palabras omitidas. Complete el versículo. Si necesita ayuda, no se preocupe, simplemente vuelva a la página 85.

" Y él mismo constituyó a unos, _____; a otros, profetas; a otros, evangelistas; a otros, _____ y _____, a fin de perfeccionar a los santos para la obra del ministerio, para la edificación del cuerpo de Cristo" (_____4.11-12).

Instrúyalos

USTED HOY:

- Aprenderá el cuarto paso para adiestrar a otra persona.
- Observará cómo Jesús instruyó a sus seguidores.
- Verá cómo Pablo instruyó al joven Timoteo en el ministerio.
- Evaluará las posibles áreas de instrucción mientras adiestra a otros.

MIREMOS ATRÁS

Llene el espacio en blanco con las frases que se aplican al proceso de adiestrar a otros.

_____ (1 Ts 5.11)
_____ (2 Ti 2.2)
_____ (Lc 11.1)

EL CUARTO PASO PARA ADIESTRAR A OTROS

Los líderes cometen un grave error cuando olvidan instruir a los que reclutan. Muchas veces los líderes dejan solos a los que motivaron para servir en el ministerio y estos tienen que adivinar lo que deben hacer. Los servidores que no están adiestrados siempre ocasionarán problemas.

Una de las misiones de nuestra iglesia es tener a varios grupos pequeños haciendo discípulos. Mantenemos una regla: Nadie va a dirigir un pequeño grupo sin pasar el adiestramiento del liderazgo. Insistimos en preparar a nuestros líderes porque creemos que una persona adiestrada es el mejor líder. Un adiestramiento común mantiene a todos al mismo ritmo. Preparamos a los líderes de esos grupos instruyéndolos tanto como sea posible para ministrar a través de pequeños grupos. Este es un ejemplo del cuarto paso para adiestrar a otros.

El cuarto paso para adiestrar a otros es instruirlos

Instruir es parte del liderazgo. Los seguidores necesitan saber qué se espera de ellos y cómo hacer la tarea asignada. Jesús preparó a sus seguidores instruyéndolos. Vamos a ver su ejemplo.

EJEMPLO DE JESÚS

Jesús enseñaba a sus discípulos constantemente. Les enseñaba la naturaleza del reino de Dios (Mt 13). Les explicaba su misión (Mc 10.32-34). El Señor realizó un milagro para dar una lección (Mc 4.35-41). Ocasionalmente enseñaba a los discípulos cómo debían ser sus seguidores.

Lea Lucas 17.7-10. Jesús narró una historia para enseñar a sus seguidores la actitud del discipulado. Haga un sumario de la historia que Jesús relató a sus discípulos.

El cuarto paso para adiestrar a otros es instruirlos en los aspectos particulares del ministerio.

¿A qué se refirió Jesús en esta lección?

_____

Regrese a las enseñanzas de Jesús acerca de ser el más grande y el primero (Mc 10.35-45, semana 1, segundo día, página 12). ¿Cómo esta historia complementa las instrucciones de Jesús a sus discípulos acerca de quién es el más grande en el reino de Dios?

_____

Jesús instruyó a los discípulos para que tuvieran *la actitud* de un servidor. Les enseñó que los servidores no obtienen un trato especial cuando sólo hacen lo que se espera de ellos. Esto apoyó su mensaje anterior acerca de quién es el más grande (Mc 10.44-45) y que nos humillemos (Lc 14.11). Estas instrucciones también fueron dadas antes de lavar los pies a sus discípulos. Jesús adiestró a los discípulos enseñándoles, de varias formas y actitudes, a tener el corazón de un siervo.

PABLO INSTRUYÓ A TIMOTEO

Pablo, el líder que estableció una red mundial de iglesias, también instruyó a los que reclutó para el ministerio. El ejemplo más claro de esta práctica proviene de sus cartas a Timoteo.

Timoteo se unió a Pablo en su segundo viaje misionero (Hch 16.1-3). Pablo lo dejó en Éfeso para que guiara la iglesia de allí. Después, el apóstol le escribió a Timoteo explicándole cómo quería que sirviera a los que dejó a su cuidado.

Lea 1 Timoteo 4.11-16. Haga una lista de las instrucciones de Pablo a Timoteo.

v. 11 _____

v. 12 _____

v. 13 _____

v. 14 _____

v. 15 _____

v. 16 _____

Pablo le pidió a Timoteo que enseñara las cosas que él le había enseñado (1 Ti 4.11). El apóstol le dijo al joven que no dejara a otros subestimarle a causa de su juventud. Pablo lo estimuló para que fuera un ejemplo en cada área de su vida y otros lo siguieran. El apóstol le pidió al joven pastor que se dedicara a la lectura de las Escrituras en público, a predicar y enseñar

Jesús instruyó a sus discípulos para que tuvieran la actitud de un servidor. Les enseñó que los servidores no obtienen un trato especial cuando sólo hacen lo que se espera de ellos.

(1 Ti 4.13). Pablo le dijo que no descuidara sus dones espirituales (1Ti 4.14). El misionero mayor le enseñó a ser diligente en estos asuntos para que otros pudieran ver su progreso (1 Ti 4.15). Finalmente enseñó a Timoteo que no descuidara su vida y doctrina porque otros dependían de él (1 Ti 4.16).

Pablo preparó a Timoteo enseñándole cómo ministrar a los que tenía a su cuidado. Sus enseñanzas fueron claras y específicas. Timoteo no tuvo que adivinar lo que su mentor esperaba de él. Estas instrucciones surgieron de la experiencia y sabiduría de Pablo.

Los líderes servidores preparan a otros instruyéndoles en las áreas específicas de su ministerio.

¿CÓMO PUEDE USTED INSTRUIR A OTROS?

Imaginemos por un momento que usted ya haya encontrado su lugar en el liderazgo servidor con el grupo de bienvenida del domingo por la mañana. Reclutó a su amigo Esteban para trabajar juntos en este importante ministerio que atiende a las visitas. Él acordó ayudarlo, pero le aclaró que lo único que sabe de este ministerio es abrir la puerta, sonreír y decir: "¡Buenos días!" Esteban lo mira esperando instrucciones. Conteste las preguntas siguientes:

¿Qué usted le enseñaría a Esteban respecto a su actitud para servir en este ministerio?

_____

¿Qué le diría respecto a la importancia de su ministerio?

_____

¿Qué cosas específicas a este ministerio podría enseñarle?

_____

¿Qué le ayudaría a ser más correcto al dar la bienvenida?

_____

Aunque este no sea su caso, puede ver cuán importante es instruir a las personas que llama para que le ayuden. Los líderes servidores, pacientemente, instruyen a los que motivan a hacer el ministerio.

SUMARIO

- El cuarto paso para preparar a otros es instruirlos.
- Jesús enseñó, en varias formas y en diferentes ocasiones, la actitud que deben tener los líderes servidores.
- Los líderes servidores adiestran a sus seguidores enseñándoles una variedad de formas en distintas ocasiones.
- Pablo enseñó a Timoteo los ministerios específicos para que el joven pastor ministrara en Éfeso. Los líderes servidores preparan a otros enseñándoles puntos específicos relativos a sus ministerios .

De nuevo veamos el versículo para memorizar esta semana, en esta ocasión con más palabras omitidas. Trate de completarlo sin buscar atrás.

" Y él mismo constituyó a unos, _____; a otros, profetas; a otros, _____; a otros, _____ y _____, a fin de perfeccionar a los santos para la ____ del _____, para la edificación del cuerpo de Cristo".
(_____).

Dedique ahora unos momentos para escribir unas oraciones referentes a lo que Dios le ha dicho esta semana a través de este versículo, y cómo estas palabras se han hecho más importantes en su vida.

Ore por ellos

USTED HOY:

- Aprenderá el quinto paso para adiestrar a otros.
- Observará cómo Jesús oró por los que llamó a servir.
- Verá cómo Pablo pidió oraciones por los que llamó a servir.
- Concluirá su lista para preparar a otros para el ministerio.

MIREMOS ATRÁS:

Llene los espacios en blanco con las frases que se aplican al proceso de preparar a otros.

_____ (1 Ts 5.11)

_____ (2 Ti 2.2)

_____ (Lc 11.1)

_____ (1 Ti 4.11)

Hasta este punto, todo el trabajo se pudo realizar mediante el esfuerzo humano. Usted puede motivar a otros usando sus propios esfuerzos. ¡Quizás sienta motivación para involucrar a otros porque simplemente necesita ayuda! Puede evaluar a otros usando sus esfuerzos y normas. Entenderá las necesidades de los que está adiestrando observándolos y escuchándolos. Puede, incluso, enseñarles actitudes específicas del ministerio basado en decisiones humanas. Pero una cosa faltaría: *El poder de Dios en sus vidas.* Jesús notó la falta de poder en sus discípulos cuando no pudieron sacar el demonio (Mt 17.19-21). Algo faltaba. Por esta razón, el paso final y más importante para adiestrar a otros para el ministerio es: Orar por ellos.

QUINTO PASO PARA ADIESTRAR A OTROS

Hemos visto cómo Jesús enseñó cada paso de la preparación para el ministerio. Jesús hizo de este paso final una prioridad en su ministerio. Durante sus últimas horas con los que amó, oró por ellos. Vamos a ver esta oración especial.

Lea Juan 17.6-19. Jesús oró por el ministerio de sus discípulos.

- Jesús sabía que les había enseñado lo que necesitaban conocer acerca de su misión y de Dios. "Porque las palabras que me diste, les he dado" (Jn 17.8).
- Oró para que fueran uno en espíritu y propósito: "Guárdalos en tu nombre, para que sean uno así como nosotros" (Jn 17.11).
- Oró para que tuvieran gozo en su ministerio: "Y hablo esto en el mundo, para que tengan mi gozo cumplido en sí mismos" (Jn 17.13).
- Jesús le pidió al Padre que los protegiera del maligno: "No te ruego que los quites del mundo, sino que los guardes del mal" (Jn 17.15).
- Oró para que fuesen santificados mediante la verdad de la Palabra de

El paso final y más importante para preparar a otros para el ministerio es: Orar por ellos.

Dios. "Santifícalos en tu verdad; tu palabra es verdad" (Jn 17.17). Jesús preparó a sus discípulos orando por ellos.

El quinto paso para adiestrar a otros es orar por ellos.

Regularmente, Pablo también oraba por los que seleccionó para el ministerio. (Para ejemplos véase Flp 1.3-6 y Ef 3.14-19). Pablo conocía el beneficio de la oración por todos los santos tanto como por él mismo.

Lea Efesios 6.18-20. ¿Cuál fue la conclusión de Pablo respecto a sus enseñanzas acerca del conflicto espiritual? (Ef 6.18).

_____

Los versículos anteriores son más familiares para la mayoría de los cristianos. Sin embargo, el versículo 18 es la conclusión de la enseñanza de Pablo acerca de cómo Dios protege a los seguidores de Jesús. Pablo enseñó que la oración es nuestra arma más poderosa. Él pidió a la iglesia que orara por todos los santos en todas las ocasiones, y que también oraran por él.

Lea otra vez Efesios 6.19-20. ¿Qué pidió Pablo en estos versículos?

_____

Pablo conocía la eficacia de la oración y pidió que, mientras ministraba, los cristianos en Éfeso oraran por él. No pidió ser liberado de la prisión. (Esto sería lo que muchos de nosotros pediríamos.) ¡Rogó que le fueran dadas las palabras para testificar audazmente de Cristo! Pidió recibir poder y valor para hablar sin temor acerca del misterio del evangelio. Pablo no sólo oró por otros, sino que pidió a otros que oraran por él.

Los líderes servidores oran por los que están instruyendo para el ministerio. Pero también piden oraciones para dirigir audazmente. Aquí vemos la naturaleza única del liderazgo cristiano. Los líderes en la iglesia saben que su poder viene de Dios y no de ellos mismos. También saben que son más útiles cuando otros los respaldan en oración. Los líderes de la iglesia son inútiles sin la oración de otros. Estas oraciones pueden ser todo lo que los mantenga en los tiempos de dificultades y conflictos.

Jan ora por mí y por nuestra iglesia. Antes de que hubieran edificios en nuestra propiedad, ella se sentaba en su auto y oraba por la tierra. Cada domingo por la mañana viene a mi oficina y se reúne conmigo y con otros hombres para orar. Oramos por los servicios de adoración y por los que impartirán las clases, dirigirán y trabajarán ese día. A menudo, me deja una oración escrita con referencias bíblicas para el día. No sé cómo podría ministrar sin personas como Jan orando por mí.

Ningún líder servidor debe pararse a dirigir antes de arrodillarse a orar con los que ministra.

El poder de preparar a otros no está en la técnica, sino en la oración. La oración debe permear cada paso para preparar a otros porque da discernimiento, protección y poder a los que guían. La oración es la respuesta de Dios a nuestras debilidades como líderes.

Los líderes en la iglesia saben que su poder proviene de Dios, no de ellos.

SUMARIO

- El quinto paso para adiestrar a otros es orar por ellos.
- Jesús oraba por los discípulos mientras los adiestraba.
- Pablo también oró por aquellos que seleccionó para el ministerio.
- Los líderes servidores oran por los que adiestran para el ministerio. Pero también piden oraciones para dirigir audazmente.
- La oración es la respuesta de Dios a nuestras debilidades como líderes.

REPASO

Complete las siguientes frases para repasar las lecciones de esta semana:

1. El primer paso para adiestrar a otros es:

_____

2. El segundo paso para adiestrar a otros es:

_____

3. El tercer paso para adiestrar a otros es:

_____

4 El cuarto paso para adiestrar a otros es:

_____

5. El quinto paso para adiestrar a otros es:

_____

Complete la tabla siguiente para ayudarlo a determinar dónde se encuentra en el proceso de adiestrar a alguien para el ministerio. Escriba sus respuestas a continuación.

MI PROGRESO
Nombre de la persona que puedo motivar: _____
El ministerio que tengo pensado es: _____
La persona está capacitada porque: _____
Sus necesidades principales pueden ser: _____
Las áreas en que lo debo instruir son:_____
Oro por él/ella de esta forma: _____

Esta semana le presentamos un aspecto importante del líder servidor: Adiestrar a otros para servir. La próxima semana verá cómo multiplicar su eficiencia de líder a través del poder del equipo ministerial.

Efesioss 4.11–12
Usted ha pensado en este versículo toda la semana. Ahora trate de escribirlo completo. Para muchas personas, memorizar las Escrituras no es fácil. Haga lo posible; revise lo que haya escrito y continúe agradecido por la bendición de tener la palabra de Dios; ahora guardada para siempre en su corazón.

Gregorio es líder y miembro de un grupo. Ha dirigido y participado en varios ministerios de nuestra iglesia. El primero que recuerdo fue nuestro grupo de entrega de alimentos a los necesitados. Por aquellos tiempos teníamos varias necesidades que atender a largo plazo. Una de ellas era una familia cuya fuente principal de ingreso había sido liberado de la prisión. Necesitaban recuperarse y teníamos que encontrar la forma de ayudarlos.

Gregorio, y otros de su clase, encontraron un grupo de familias que en forma rotativa estaban dispuestas a comprar alimentos semanalmente para estas personas. Cada familia disfrutaba el gozo y la responsabilidad de cuidar de estos necesitados. Pero luego supieron de otros que también necesitaban alimentos. Así que decidieron crear un ministerio para personas de la iglesia y la comunidad. Gregorio y su grupo construyeron un almacén debajo de la escalera, pedían alimentos a otros y los llevaban a los necesitados. Esta fue la primera vez que observé el poder del ministerio de grupos. Ese ministerio ya no existe en nuestra iglesia, pero Gregorio es el líder de otro grupo que recoge ropa para enviar a Rusia. Él es un líder servidor que sabe que es más eficiente cuando se une a otros para satisfacer una necesidad.

Los líderes servidores saben que el liderazgo eficiente no es de uno solo. *El liderazgo es un deporte de equipo.* El líder es más eficiente cuando se une con otros ya preparados para satisfacer una necesidad específica.

El ministerio de Jesús en la tierra giraba alrededor de la creación de un grupo de seguidores allegados a quienes llamó, preparó y movilizó para el ministerio. Después que Jesús completó su misión en la tierra, ellos continuaron llevando el mensaje de salvación al mundo. El Maestro ejemplificó el ministerio en equipo para los que llamó a ser líderes servidores.

Esta semana estudiaremos el tema del ministerio en grupo. Aprenderá algunos principios básicos acerca del trabajo en equipo y se sentirá estimulado a comenzar uno como parte de su labor de líder servidor.

Esta semana concluye su estudio de *El liderazgo de Jesús*, pero ahora querrá dedicarse a pensar dónde Cristo quiere que usted sirva. Este curso no termina su estudio del liderazgo servidor. Es solamente el comienzo.

QUÉ ESTUDIAREMOS ESTA SEMANA:

- Un líder servidor dirige mejor a través de un equipo ministerial (Primer día).
- Los equipos trabajan mejor cuando se unen (Primer día).
- Cómo los líderes delegan responsabilidades a su equipo (Segundo día).
- El principio bíblico de su responsabilidad (Tercer día).
- Los mejores líderes son mentores que aconsejan a su grupo (Cuarto día).
- Aprenderá los cuatro próximos pasos para convertirse en un líder servidor y decidirá qué hará para continuar en ese proceso (Quinto día).

VERSÍCULO PARA MEMORIZAR ESTA SEMANA:

"Después llamó a los doce, y comenzó a enviarlos de dos en dos; y les dio autoridad sobre los espíritus inmundos" (Mc 6.7).

El liderazgo servidor es más eficiente cuando se une con otros.

Unidad

USTED HOY:

- Entenderá que el liderazgo es un deporte de equipo.
- Definirá el *ministerio en equipo*.
- Aprenderá cuál es su labor como líder del grupo.
- Verá cómo Jesús ejemplificó el ministerio en equipo con los discípulos.
- Aprenderá las características de trabajar en grupo.
- Examinará algunas señales de un equipo que permanece unido.
- Evaluará su disposición para fomentar la unidad en un equipo.

El liderazgo eficiente no es una operación de una persona sola. Es un deporte de equipo. Un líder es más semejante a un jugador del equipo de balompié que a un jugador de golf en una competencia. Los líderes no son "llaneros solitarios". Involucran a otros para juntos, alcanzar una meta. Los líderes de grupo son como deportistas entrenadores. Usted no será un buen líder mientras no incluya en sus tareas a los que guía. Los líderes fracasan si creen que sus esfuerzos solitarios alcanzarán la meta del grupo.

Demos un repaso a la introducción de la primera semana (página 6). Escriba el propósito de este estudio:

_____

_____

El propósito de este estudio es que usted se convierta en un líder servidor de un equipo ministerial. Por lo general, dos o más personas satisfacen mejor las necesidades que a veces surgen demandando la ayuda de una sola persona. Como líder, servirá mejor uniéndose a otros. Vamos a dar un vistazo al ministerio en equipo.

JESÚS, Y EL MINISTERIO EN EQUIPO

Jesús enseñó y ejemplificó el liderazgo servidor (Semana 1). Preparó a sus discípulos para el ministerio (Semana 4). Jesús también mostró un ministerio en equipo. Casi nunca ministró a solas. Era el Maestro y no necesitaba que lo ayudaran para satisfacer las necesidades. De todas formas, sin considerar qué estaba haciendo, ministró con sus discípulos allegados. Por lo general, salía a todas partes por lo menos con tres discípulos. Acompañado por sus seguidores más cercanos demostró que las mejores lecciones provenían del aula de la experiencia. El Maestro no necesitaba un equipo ministerial, pero lo formó para que este continuara después que Él regresara al Padre.

Mateo, Marcos y Lucas nos dicen cómo Jesús comisionó a sus seguidores para ministrar en su nombre. Mateo 10 es el manual para el ministerio de un discípulo. Marcos escribió que Jesús mandó a sus discípulos de dos en dos (Mc 6.7). Conocía la ventaja de tener grupos de dos personas sirviendo en lugar de uno solo tratando de satisfacer todas las necesidades.

Un líder es más semejante a un jugador del equipo de balompié que a un jugador de golf en una competencia.

Jesús enseñó a ministrar en equipo y sus discípulos siguieron ese ejemplo. Cuando el Espíritu Santo guió a la iglesia en Antioquía para enviar miembros a predicar el evangelio a los gentiles, le dijo a la iglesia que seleccionara dos miembros. La iglesia los envió después de orar y ayunar (Hch 13.1-3). Mediante los ministerios en equipo la iglesia primitiva satisfacía las necesidades del evangelismo. Así también es como la iglesia del siglo veintiuno continuará satisfaciendo las necesidades.

¿POR QUÉ UN EQUIPO?

Un equipo es un conjunto de personas unidas por un compromiso para alcanzar una meta común. Un equipo puede ser: Un grupo de estudiantes universitarios que juegan balompié; un conjunto de investigadores buscando el remedio para una enfermedad, o un conjunto de obreros de la escuela dominical enseñando la Biblia a niños de cuatro años. Un grupo puede colocar un explorador espacial en Marte o alimentar a los pobres.

El mundo de los negocios reconoce el poder de los equipos. La escuela de administración de negocios de la universidad de Harvard dice que un equipo es un pequeño número de personas que tienen habilidades complementarias y están dedicados a: un propósito común, metas a lograr y metodología para los cuales se responsabilizan mutuamente.[1] Entonces, ¿qué aplicación tiene el equipo con el liderazgo servidor y la iglesia?

Hemos dedicado cuatro semanas a estudiar el liderazgo servidor y la importancia de satisfacer necesidades. Este liderazgo comienza cuando un discípulo se encarga de la labor de un siervo para satisfacer una necesidad. El liderazgo servidor es también colocarse a un lado para que Cristo sea el Señor. En el espacio siguiente, escriba su definición de liderazgo servidor.

El equipo ministerial le da al líder servidor la forma de multiplicar su llamamiento satisfaciendo las necesidades de otros. El equipo ministerial es un grupo de discípulos, obedientes al señorío de Cristo y comprometidos a satisfacer juntos una necesidad en particular. Esta semana descubrirá cuatro características del equipo ministerial: Unidad, delegar responsabilidades, responsabilizarse ante otros y ser mentor.

EL MINISTERIO EN EQUIPO COMIENZA UNIÉNDOSE A OTROS

El ministerio de equipo ocurre cuando los miembros se sienten partícipes del mismo. La primera característica es sentir que: "estamos unidos en esto". Los miembros del equipo se sienten parte del grupo y respetados por los demás. Este ministerio comienza cuando sienten que están unidos por una causa más grande que ellos mismos.

Se forma el equipo para alcanzar un objetivo común. Como la distribución de alimentos, mencionada en la introducción de esta semana, el equipo tiene una razón para formarse y trabajar.

Los equipos de evangelismo se forman para alcanzar la meta de presen-

El ministerio en equipo es lo que usaba la iglesia primitiva para satisfacer las necesidades del evangelismo. El ministerio en equipo es lo que usará la iglesia del siglo XXI para continuar satisfaciendo las necesidades con más eficiencia.

tar a Cristo a otros. Los de adoración se forman para guiar las iglesias a alabar y adorar a Dios. Los equipos tienen un objetivo para formarse que los lleva a través de su existencia. Luego de alcanzar su propósito, el grupo se dispersa o reorienta su energía hacia otras metas. El equipo celebra los logros y sus miembros pueden o no formar un nuevo equipo.

La unidad es fundamental para el triunfo. **Lea Mateo 12.30.** ¿Cuáles eran las dos opciones relacionadas con estar en el grupo de Jesús?

_____

_____

Jesús insistió en que su seguidores tuvieran sus mismos valores y propósitos. Los discípulos o estaban de acuerdo con lo que Él era y hacía o trabajaban en contra suya. Jesús hasta le llamó la atención a Pedro por no apoyar el claro propósito del ministerio del Maestro (Mt 16.23).

Los miembros de un equipo están profundamente convencidos de tener en común una razón importante para unirse. Esto le da al grupo un sentido de unidad y propósito que es un factor para mantener unido al grupo hasta que haya logrado su meta. La división en un grupo puede ser mortal para su existencia.

CUANDO LOS GRUPOS ESTÁN UNIDOS

Ya señalamos que la primera característica de un grupo eficiente es el sentido de "estamos unidos en esto". ¿Cuáles son algunas muestras de unidad del grupo? Escriba sus ideas al margen.

Hemos visto cómo Jesús insistió en que la unidad fuera parte del ministerio en equipo de sus discípulos. Otra muestra de unidad es que Él delegó autoridad y responsabilidad a su grupo. Como líder del grupo, Jesús ejemplificó el liderazgo compartido. Invitó a sus seguidores a hacer lo que Él hacía con su mismo poder y autoridad. Esto inspiró confianza entre sus seguidores.

Lea Marcos 6.6-13. ¿Qué dos cosas hizo Jesús cuando envió a sus discípulos en equipos ministeriales (Mc 6.7).

_____

_____

¿Qué otras instrucciones dio Jesús a sus seguidores? (Mc 6.8-11).

_____

_____

¿Cuáles fueron los resultados de la misión de los doce? (Mc 6.12-13).

_____

_____

Cuando Jesús envió a sus doce seguidores más cercanos, lo hizo en grupos de dos. El Maestro conocía el proverbio: "Mejores son dos que uno; porque tienen mejor paga de su trabajo. Porque si cayeren, el uno levantará a su compañero; pero ¡ay del solo! que cuando cayere, no habrá segundo que lo levan-

---

Los miembros de un equipo están profundamente convencidos de tener en común una razón importante para unirse.

Muestras de unidad del grupo _____

_____

_____

_____

_____

_____

_____

te. También si dos durmieren juntos se calentarán mutuamente; más ¿cómo se calentará uno solo? Y si alguno prevaleciere contra uno, dos le resistirán; y cordón de tres dobleces no se rompe pronto" (Ec 4.9-12).

Jesús impartió a los discípulos su autoridad sobre los espíritus inmundos que encontrarían (Mc 6.7). Jesucristo los instruyó para que no llevaran nada, excepto un cayado para su viaje (Mc 6.8). Tampoco debían llevar ropa extra (Mc 6.9). Debían quedarse en la misma casa en cada pueblo que entraban (Mc 6.10). Si alguien no los recibía bien, debían sacudirse el polvo de los pies en señal de disgusto (Mc 6.11). Las parejas salieron y predicaron el evangelio (Mc 6.12). Experimentaron el éxito (Mc 6.13). El Maestro delegó su liderazgo a los grupos al enviarlos y darles potestad para que hicieran lo que Él les comisionó hacer.

Los líderes servidores de un equipo ministerial deben mantener un equilibrio entre hacer ellos mismos las cosas y estimular a otros para que participen. Aunque él o ella parezcan tener una actitud de siervo, una persona que hace solo el trabajo de equipo no es un líder servidor genuino. Katzenbach y Smith aportan una buena sabiduría convencional sobre este asunto:

Los líderes de grupo genuinamente creen que no tienen todas las respuestas, así que no insisten en darlas. Creen que no necesitan tomar todas las decisiones importantes, por lo que no las hacen. Creen que *no pueden* triunfar sin la contribución combinada de los otros miembros del grupo para un fin común, así que evitan cualquier acción que pueda limitar la participación o intimidar a cualquiera en el grupo. El "ego" *no* es su preocupación primordial.[2]

Jesús fomentó el sentido de unidad enviando a sus discípulos en parejas en lugar de solos. Esto también sirvió para hacerlos sentir partícipes del grupo (de Jesús) para esparcir el evangelio.

EVALUACIÓN PERSONAL

1. Hoy, usted debe comenzar a orar por las personas que va a guiar en un equipo ministerial. Quizás sean personas que tienen su mismo entusiasmo por el ministerio. Comience a formar su posible grupo, haciendo una lista de los que tienen su pasión por una cierta necesidad para ministrar (tal vez quiera buscar referencias en la semana 3, quinto día. Véase la página 83). En el margen, escriba los nombres de los que recuerde.

2. Considere sus sentimientos acerca del equipo ministerial. ¿Qué podría hacer usted por el Reino, si tuviera seis u ocho discípulos con el mismo interés por el ministerio? Escriba sus ideas.

El ministerio en equipo está compuesto por cristianos servidores comprometidos en satisfacer necesidades. Jesús y sus discípulos lo ejemplificaron para nosotros. De igual forma usted lo puede enseñar al resto de la iglesia. En actitud de oración, considere cómo Dios puede usarlo en un equipo ministerial.

Nombres:

_____

_____

_____

_____

_____

_____

Jesús fomentó el sentido de unidad.

SUMARIO

- La meta de este estudio es que usted se convierta en un líder servidor en un equipo ministerial.
- El equipo ministerial involucra a un conjunto de discípulos unidos al señorío de Cristo y comprometidos en la meta común de satisfacer las necesidades de otros.
- Jesús envió a sus seguidores a ministrar en grupos, en lugar de uno por uno.
- Como líder servidor, esté dispuesto a compartir el liderazgo con aquellos que se unen a usted para hacer el ministerio.
- La primera característica de un equipo es "estamos juntos en esto". La unidad es la clave para la eficiencia.
- Como líder de su grupo, Jesús modeló el liderazgo compartido. Impartió poder y autoridad a sus seguidores para hacer lo mismo que Él hacía.
- Un grupo está unido cuando su líder comparte el liderazgo y la autoridad con los miembros.
- Los líderes servidores del equipo ministerial deben mantener un equilibrio entre hacer las cosas solos y estimular a otros a participar.

[1]Tomado del libro de Jon R. Katzenbach y Douglas K. Smith. *The Wisdom of Teams: Creating the High-Performance Organization*. (Boston: Harvard Business School Press, 1993), 45.
[2]Ob. Cit., 131.

De nuevo veremos el versículo para memorizar esta semana. Mientras completa el trabajo de hoy lea varias veces, en voz alta, estas palabras de Jesús. Tenga unos momentos a solas con Dios y escúchele hablar a su corazón acerca del liderazgo del servidor.

"Después llamó a los doce, y comenzó a enviarlos de dos en dos; y les dio autoridad sobre los espíritus inmundos" (Mc 6.7).

Delegar

USTED HOY:

- Aprenderá cómo los líderes eficientes delegan autoridad en el grupo.
- Observará cómo Jesús le dió autoridad a sus discípulos.
- Verá cómo Pablo responsabilizó a Aquila y a Priscila.
- Repasará cómo delegar autoridad en otros miembros.

Séptimo principio:

_____

_____

_____

_____

Escriba al margen, el séptimo principio del liderazgo servidor. (Semana 1, cuarto día, véase la página 25).

Los líderes servidores del equipo ministerial comisionan a los miembros para alcanzar una meta común. Los componentes del equipo deben sentirse parte de este y comisionados por su líder, de lo contrario el grupo no hará su mejor trabajo, el líder hará toda la tarea y ya deja de ser un equipo de trabajo. Calvin Miller describió claramente esta verdad cuando señaló:

> Una compañía o una iglesia a menudo está formada por algunos líderes enojados y polémicos y muchos seguidores indiferentes... Los seguidores deben sentirse parte del equipo. Deben disponerse a participar con el líder, en el trabajo que el grupo tenga que realizar. Tal participación pondrá las cosas en su nivel, el negocio en la cima y la actitud indiferente en el fondo.[1]

Una palabra clave en el pensamiento de Miller es *participar*. Significa que un miembro del equipo está activo y siente que está contribuyendo a la meta del grupo. Comisionar es darle a los miembros del grupo la autoridad y los recursos suficientes para hacer su parte del trabajo.

CADA MIEMBRO ES IMPORTANTE

Ministrar en equipo significa que cada miembro tiene un lugar en el equipo y una contribución que aportar al objetivo del grupo. Dones espirituales diferentes, experiencias, estilos para relacionarse, habilidades vocacionales y entusiasmo hacen un ministerio en equipo completo. Los equipos demandan diferentes habilidades y dones. Peter Drucker señaló:

> Un error común es creer que todos los individuos del equipo, piensan y actúan igual. No es así. El propósito del equipo es hacer que los puntos fuertes sean eficientes e irrelevantes los débiles.[2]

Formar un equipo significa encontrar personas que tengan una meta común con usted, aunque difieran en algunas ideas o manera de hacer las cosas. Ministrar en equipo refuerza la enseñanza bíblica de la iglesia que tiene muchas partes, pero un solo cuerpo.

Regrese a la semana 2, segundo día (véase la página 37). Pablo se refirió a dos pensamientos dañinos que podían destruir la iglesia. Usted puede encontrarlos en 1 Corintios 12.14-26. Escríbalos a continuación:

Pablo advierte a cada miembro de la iglesia sobre dos actitudes extremadamente dañinas: (1) sentir que uno no pertenece y no tiene nada con qué contribuir a la iglesia; y (2) que uno llegue a ser totalmente autosuficiente y crea que no necesita a los otros miembros del cuerpo de Cristo. La Biblia enseña que cada miembro es partícipe y necesita de los demás. Ministrar en equipo afirma ese principio bíblico. Cada miembro tiene un lugar para servir en la iglesia. Los líderes servidores que formen equipos ministeriales ayudarán a cada miembro a encontrar un lugar para servir. Ambas ideas: "yo no pertenezco" y "no te necesito" socavan la unidad del cuerpo.

JESÚS COMISIONÓ A SUS DISCÍPULOS

La misión de cada iglesia del Nuevo Testamento es hacer discípulos. No es necesario disponer de un grupo de investigadores para descubrir esto. Jesús comisionó a los doce para que hicieran discípulos: convertir a los perdidos, gente secular, en discípulos maduros de Cristo. Cada iglesia debiera sentir que esta es la misión que Cristo le ha dado. Pero, ¿dónde los discípulos de entonces y de ahora podían encontrar poder para cumplir esta misión?

Lea Mateos 28.18-20. ¿Qué le dijo Jesús a sus discípulos antes de ascender a los cielos?

Jesús afirmó que toda autoridad le había sido dada. Basado en esta verdad, envió a sus seguidores a hacer discípulos. Jesucristo delegó su autoridad a los discípulos. Sabemos cómo Moisés delegó en sus líderes la autoridad para tomar decisiones entre el pueblo de Israel (Éxodo 18; semana 1, cuarto día, véase pág. 25). Ayer, usted vio cómo el Maestro envió a los discípulos de dos en dos y les dio autoridad sobre los demonios que encontrarían (Mc 6.7).

Lea Hechos 1.8. ¿Qué le dijo Jesús a los discípulos que recibirían y en qué se convertirían como resultado?

Jesús le prometió a sus seguidores que recibirían poder para hacer su misión. "Cuando haya venido sobre vosotros el Espíritu Santo". Entonces se convertirían en testigos de ese poder en sus vidas mientras llevaban a cabo la Gran Comisión. Jesús delegó el poder del Espíritu Santo en sus discípulos para hacerse testigos. Él dio a su equipo de misioneros el poder que necesitaban para alcanzar la meta de evangelizar al mundo. Jesús los preparó para lograr su propósito dándoles autoridad y poder. Con estos medios, los discípulos podían decidir correctamente y actuar con autoridad para realizar el plan de Dios.

"Yo no pertenezco" y "no te necesito" son pensamientos que socavan la unidad del cuerpo.

¿Qué dos cosas le dio Jesús a sus discípulos cuando los mandó a realizar su misión?

_____

_____

Como un líder servidor en un equipo ministerial, ¿qué dos cosas debe darle a los miembros del equipo para alcanzar las metas que ustedes han acordado realizar juntos?

_____

PABLO COMISIONÓ A SUS TRABAJADORES

No se comisiona a una persona mediante un memorándum. Esto no es tan fácil. Usted comisiona a una persona en un tiempo determinado. Se necesita tiempo y esfuerzo para delegar, en el miembro de un equipo, el trabajo que le corresponde. Pablo lo hizo con muchos de sus equipos ministeriales, viviendo con ellos y dándoles las responsabilidades para servir.

Lea Hechos 18.1-4. ¿Con quién se encontró Pablo y comenzó a ministrar cuando llegó a Corinto? (Hch 18.2)

_____

¿Qué habilidad vocacional tenían en común? (Hch 18.3)

_____

¿Qué hizo Pablo con Aquila y Priscila? (Hch 18.3)

_____

Al llegar a Corinto, Pablo se encontró con una pareja romana que también era fabricante de tiendas. Lucas nos dice que "Pablo se quedó con ellos". Mientras que estaba en su misión, el apóstol se unió a esta pareja de cristianos para alcanzar la meta de hablarles a todas las personas acerca de Cristo.[3]

Lea Hechos 18.18. ¿Quién estaba con Pablo cuando viajó a sus próximas misiones?

_____

Pablo se quedó en Corinto durante un año y seis meses (Hch 18.11). ¿Qué sucedió durante este tiempo que hizo que Aquila y Priscila quisieran viajar con él?

_____

Una año y medio después de llegar a Corinto, Pablo continuó su viaje de evangelismo mundial. Lucas nos narra que Priscila y Aquila eran parte del equipo ministerial del apóstol cuando éste abandonó Corinto. No sabemos por qué quisieron ir, pero posiblemente Pablo los llamó y preparó para hacer el trabajo de las misiones. Es posible que desearan apoyar a Pablo con su trabajo de hacer tiendas y así él podía ministrar todo el tiempo. Ministrar en equipo significa que cada miembro, a su modo, contribuye a alcanzar la meta.

Usted no comisiona a las personas mediante un memorándum.

Lea Hechos 18.19-21. ¿Qué hizo Pablo con Priscila y Aquila?

_____

¿Por qué hizo esto?

_____

Ministrar en equipo significa que cada miembro, a su modo, contribuye a alcanzar la meta.

Cuando Pablo llegó a Éfeso reconoció que necesitaban creyentes maduros que pudieran ayudar a la iglesia que crecía allí. Él dejó a Priscila y Aquila en Éfeso para ayudar a la iglesia. El apóstol los preparó y comisionó para convertirse en líderes servidores. Los dejó en Éfeso porque sabía que estaban preparados para hacer el ministerio para el cual habían sido llamados. Eran líderes servidores deseosos de satisfacer una necesidad en la iglesia de esa ciudad. Esto también es evidente por su respuesta a Apolos cuando llegó allí (Hch 18.24-26). Ellos se sintieron libres para resolver una necesidad en el ministerio del joven maestro. (Esto lo volveremos a ver cuando lleguemos al estudio del cuarto día de esta semana.)

¿Cómo comisionó Pablo a Priscila y Aquila?
1. Les enseñó y ejemplificó el evangelio mientras vivió y trabajó con ellos. Aparentemente formaron parte de su equipo ministerial en Corinto.
2. Los invitó a unirse a su equipo ministerial mientras viajaba al próximo lugar.
3. Los dejó en Éfeso para que formaran su equipo ministerial mientras él siguió viajando.

Para comisionar a otros siguiendo el patrón de Pablo usted debe:
1. Enseñar y vivir conforme al evangelio mientras vive y trabaja con otros creyentes.
2. Invitar a otros a formar con usted un equipo ministerial, luego de evaluarlos para saber si pueden contribuir a la meta de su misión.
3. Comisionarlos para que sigan ministrando solos y formen su equipo ministerial.

Jesús demostró con *qué* comisionar. Usted forma su equipo con autoridad y poder para alcanzar la meta.

Pablo demostró *cómo* comisionar. Usted forma su grupo viviendo y trabajando con ellos e invitándolos a tomar una o más responsabilidades en el camino.

EVALUACIÓN PERSONAL
1. Diga cómo usted puede comisionar a los miembros de su equipo dándoles autoridad y poder.

_____

¿Qué autoridad tiene usted que darle a ellos?

_____

¿Qué habilidades tiene para ayudarlos en su trabajo?

_____

2. ¿Cómo puede comisionar a los miembros de su equipo imitando el ejemplo de Pablo cuando comisionó a Aquila y a Priscila?

_____

¿Cómo puede usted "vivir y trabajar" con ellos?

_____

Concluya el estudio de hoy orando y pidiendo la autoridad y poder de Dios en su vida y la sabiduría para comisionar a los que pertenecen a su equipo ministerial.

SUMARIO

- Ministrar en equipo significa que cada miembro tenga un lugar en el grupo y que cada uno haga una contribución hacia el objetivo.
- Los líderes servidores del equipo ministerial comisionan a los de su equipo para alcanzar una meta común.
- Comisionar es darle a los miembros del equipo la autoridad y los recursos suficientes para hacer su parte del trabajo.
- Jesús ejemplificó con *qué* comisionar. Usted comisiona a su equipo con la autoridad y el poder para alcanzar su meta.
- Pablo ejemplificó *cómo* comisionar. Usted comisiona a su equipo viviendo y trabajando con ellos e invitándolos a tomar una o más responsabilidades en el camino.

[1]Calvin Miller. *The Empowered Leader*, 158.
[2]Referencia tomada de: *Managing the Nonprofit Organization*. Peter Drucker. Copyright, 1990. Reimpreso con permiso de Harper Collins Publishers, Inc. 152-53.
[3]Los eruditos están en desacuerdo respecto a si Aquila y Priscila eran creyentes antes o después de conocer a Pablo. Lo importante es que sí sabemos por Hechos 18.18 que eran seguidores de Cristo y colaboradores de Pablo.

De nuevo veamos el versículo para memorizar esta semana. Mientras completa el trabajo de hoy, lea de nuevo estas palabras y entonces tómese unos momentos para escuchar cómo Dios le habla.

"Después llamó a los doce, y comenzó a enviarlos de dos en dos; y les dio autoridad sobre los espíritus inmundos" (Marcos 6.7)

Ahora oculte el versículo y trate de escribirlo de memoria en este espacio. No se preocupe si no puede completarlo. Al final de esta semana, Dios dejará las palabras firmemente sembradas en su corazón y ampliará su significado.

Responsabilidad

La confianza en el grupo y el compromiso para alcanzar la misma meta, son responsabilidades del equipo ministerial.

USTED HOY:

- Examinará el principio bíblico respecto a la responsabilidad.
- Aprenderá cómo los líderes de grupo son responsables del equipo.
- Observará cómo Jesús hizo a sus discípulos responsables de sus metas.
- Verá la importancia de ser responsable ante los demás miembros del equipo.

La *responsabilidad* hace posible el ministerio en equipo. Es la habilidad de responder quién es usted y lo que ha hecho. Es lo que une a los miembros del equipo, trabajando juntos para alcanzar la misma meta. Si son responsables, dependen unos de otros para hacer lo que decidieron hacer. Si no lo son, cada uno decide cuándo, cómo y si hará su parte del trabajo. La confianza de otros en el equipo y la encomienda de la misma meta, son elementos de responsabilidad del equipo ministerial.

Mientras más apliquemos esta verdad al ministerio en equipo, más veremos qué nos enseñó Jesús acerca de la responsabilidad.

JESÚS Y LA RESPONSABILIDAD

Jesús enseñó que cada persona responderá a un Dios santo por sus palabras y hechos. Él dijo esto cuando se dirigió a un grupo de líderes religiosos que lo acusaron de trabajar para Satanás. El Maestro dijo: "Mas yo os digo que toda palabra ociosa que hablen los hombres, de ella darán cuenta en el día del juicio" (Mt 12.36).

Pablo le recordó a los cristianos romanos que: "cada uno de nosotros dará a Dios cuenta de sí" (Ro 14.12). Pedro estimuló a sus lectores para que no se preocuparan si los paganos no entendían su estilo de vida. "Pero ellos darán cuenta al que está preparado para juzgar a los vivos y a los muertos" (1 P 4.5). Ser responsable ante Dios significa dar cuenta de su comportamiento en la tierra. Dar cuenta significa simplemente decir la verdad, de lo que ha hecho y dicho, a la persona a quien es responsable.

Si tuviera que dar cuenta a Dios por lo que ha hecho y dicho, ¿cree que sería aceptado por Dios en el cielo?

❑ Sí   ❑ No

¿Por qué respondió de esta manera? Escriba su respuesta en el margen.

La Biblia nos enseña que la responsabilidad es parte de su relación con Dios. Este sentido de dar cuenta a Dios debe afectar cómo usted vive su vida. Encontrará difícil ser responsable ante personas si no cree serlo ante Dios.

Responsabilidad mutua es ser responsable de lo que dice y hace ante las personas con quienes se compromete. Un ejemplo de esto es el matrimonio. Una pareja casada se promete ser fiel el uno al otro. Por consecuencia, cada uno es responsable de cumplir esa promesa. La responsabilidad mantiene unida a la pareja porque edifica la confianza y demuestra el compromiso.

Respuesta:
_____
_____
_____
_____
_____
_____

Si es casado, haga una lista de dos o tres promesas que le haya hecho a su cónyuge, de las cuales usted es responsable. Si no es casado, haga una lista de algunas promesas de las cuales usted es responsable ante otros.

1. _____
2. _____
3. _____

Los equipos trabajan mejor cuando sus miembros son responsables el uno al otro. Todos tienen responsabilidades, incluso el líder.

LOS LÍDERES SON RESPONSABLES DE SU EQUIPO

Lea, en el margen, Hebreos 13.17. Subraye las razones por las cuales el escritor le pidió a los miembros de la iglesia que obedecieran a sus líderes.

El escritor de Hebreos insistió en que los miembros de la iglesia obedecieran a sus líderes. Dio dos razones para este mandamiento: (1) los líderes son responsables ante la iglesia, y (2) si los miembros lo siguen, su trabajo será un gozo en lugar de una carga. Los líderes servidores son responsables de las personas de su equipo mientras trabajan juntos para alcanzar una meta común.

Este versículo también nos enseña que los miembros deben seguir a su líder. Los miembros son responsables de seguir al líder. La confianza en el líder y el compromiso con la misión de la iglesia forman las bases para esta relación entre el líder y el seguidor. El resultado es un líder gozoso. ¡El líder gozoso es una ventaja para el grupo! Si un líder tiene libertad para dirigir, entonces se siente libre para llevar al grupo a su objetivo común.

LOS LÍDERES SON RESPONSABLES DE LAS METAS

Los líderes servidores son responsables de que el grupo se mantenga trabajando para alcanzar su meta. Jesús lo demostró enseñando a sus discípulos la verdadera naturaleza de su misión.

Lea Marcos 8.27-30. ¿Qué confesó Pedro acerca de quién es Jesús?

_____

Pedro confesó que Jesús es el Mesías. Él se responsabilizó con alcanzar la meta de Jesús: Llevar a cabo el plan de redención de Dios.

Lea Marcos 8. 31-32. ¿Cómo respondió Pedro a la predicción de Jesús?

_____

Pedro rehusó aceptar las palabras de Jesús acerca de su sufrimiento y muerte. Llevó a Jesús aparte y lo reprochó. Pedro confió en su propio concepto acerca de Cristo, en lugar de lo que Jesús le había enseñado. Las ideas de Pedro amenazaron la misión del Mesías y la unidad de los discípulos.

Lea Marcos 8.33. ¿Cómo respondió Jesús al reproche de Pedro?

_____

El Maestro conocía el peligro de la actitud de Pedro. Los discípulos tenían que estar de acuerdo en cuanto a quién era Jesús y la naturaleza de su misión. Jesús se enfrentó a las palabras de Pedro al decir: "¡Quítate de delante de mí, Sata-

> Los líderes son responsables ante Dios por los que preparan.

> "Obedeced a vuestros pastores, y sujetaos a ellos; porque ellos velan por vuestras almas, como quienes han de dar cuenta, para que lo hagan con alegría y no quejándose, porque esto no os es provechoso" (Heb 13.17).

nás!" Él llamó a Pedro "Satanás" porque el discípulo ofreció la misma vía fácil hacia la victoria que Satanás propuso al Señor en el desierto (Lc 4.9-12). Jesús sabía que el Mesías debía sufrir y morir para completar la misión de redención del Padre. Él era responsable ante el Padre de alcanzar esta meta. Como líder, Cristo sabía la necesidad de que sus seguidores se mantuvieran comprometidos a alcanzar la misma meta para la cual Él vivía.

LA RESPONSABILIDAD ENTRE LOS MIEMBROS DEL EQUIPO

"Ningún grupo se convierte en equipo hasta que no pueda responsabilizarse como tal".[1] Ningún equipo de pelota puede llegar a la serie mundial sin que cada miembro se haga responsable ante los otros de alcanzar su meta. Los miembros del equipo se hacen responsables, unos a otros, para cumplir su parte y alcanzar la meta. Cuando en un equipo ministerial usted se hace responsable ante otros, se convierte en responsable de ellos. Ministrar en equipo significa ser responsable, ante los demás miembros, de alcanzar el objetivo en común.

La responsabilidad del grupo puede comenzar cuando cada miembro tenga un corazón de líder servidor. Escriba a continuación el tercer principio del liderazgo servidor:

_____

_____

Jesús enseñó que la grandeza, entre sus seguidores, comienza sirviendo a otros. Ser el primero comienza con ceder los derechos personales para satisfacer las necesidades de otros (Mc 10.44). La responsabilidad del equipo se cumple cuando sus miembros se hacen siervos de la meta del ministerio y esclavos del grupo ayudándolos a alcanzar ese objetivo. Leith Anderson nos recuerda:

> Debe sorprendernos que se haya dicho tanto acerca de los líderes y tan poco acerca de los seguidores, especialmente entre cristianos comprometidos con la Biblia. En comparación, la Biblia dice poco acerca del liderazgo y mucho de la condición del siervo. Jesús no invitó a Pedro, ni a Andrés, ni a Santiago ni a Juan a convertirse inmediatamente en líderes. Les dijo: "¡Síganme!".[2]

Jesús llamó a sus discípulos a *seguirle*. Se convirtieron en líderes después que el Maestro los enseñó y comisionó con su Espíritu Santo para realizar su misión.

El segundo principio del liderazgo servidor afirma que los líderes servidores abandonan su posición y derechos personales para seguir a Jesús. Usted ha visto cómo Jesús abandonó su posición en los cielos para traer salvación al mundo. Observó cómo los guió desde la posición de un siervo. Jesús es su ejemplo de un líder servidor que abandonó su posición para satisfacer las necesidades de otros. Los líderes servidores comparten el liderazgo para alcanzar una meta común. Robert Greenleaf considera que la iglesia del futuro ten-

El equipo cumple con su responsabilidad cuando sus miembros se hacen siervos de la meta del ministerio y esclavos del grupo ayudándolos a alcanzar ese objetivo.

drá líderes dispuestos a practicar la condición de *seguidores*. Él escribió:

> En tal institución, el liderazgo será algo diferente de lo que acostumbramos a tener... Jugará un papel en el cual la supervisión será menos rígida y los líderes y los seguidores cambiarán posiciones, a medida que las misiones multifacéticas se emprendan y se desplacen a etapas que requieran diferentes despliegues de talentos.[3]

Los primeros pasos de cada líder comenzaron por ser un seguidor. Los discípulos son aprendices que siguen la línea que traza el Maestro. Saben ser seguidores y por lo tanto no se oponen a que otro dirija si el perfil S.I.R.V.E. demuestra que esa persona llena mejor los requisitos necesarios. Los líderes servidores comparten el liderazgo con otros si la necesidad así lo requiere. Esto es un aspecto importante de la responsabilidad ante Dios y el grupo.

EVALUACIÓN PERSONAL

Complete las siguientes oraciones en el espacio provisto:

1. Me resulta difícil aceptar el concepto de responsabilidad, porque...

_____

2. He experimentado un sentido de responsabilidad con otros cuando...

_____

3. Si usted es un líder de equipo, escriba la meta con la cual responsabilizó a su grupo.

_____

4. Haga una lista de cómo crear confianza y compromiso entre los miembros de su equipo para ayudarlos a ser responsables entre sí.

SUMARIO

- La responsabilidad hace posible el ministerio en equipo. Es la habilidad de responsabilizarse por quienes ustedes son y lo que han hecho.
- La confianza de los miembros del grupo y el compromiso por la misma meta son responsabilidades del equipo ministerial.
- Jesús enseñó que cada persona dará cuentas, a un Dios santo, por sus palabras y hechos.
- Responsabilidad mutua es ser responsable con los que se ha comprometido, por lo que usted dice y hace.
- Los líderes son responsables de que su equipo se dirija hacia su meta.
- Ministrar en equipo significa que usted se hace responsable con los otros miembros de alcanzar un objetivo en común.

[1]Katzenbach and Smith. *The Wisdom of Teams*. 60
[2]Leith Anderson. *A Church of the 21st Century* (Minneapolis: Bethany House, 1992), 222.
[3]Greenleaf, *Servant Leadership*, 244.

Los líderes servidores comparten el liderazgo con otros si la necesidad lo requiere. Esto es un aspecto importante de la responsabilidad ante Dios y el grupo.

De nuevo veremos el versículo para memorizar esta semana. En esta oportunidad omitimos algunas palabras. Complete el versículo. Si necesita ayuda, vuelva a la página 103.

"Después llamó a los doce, y comenzó a enviarlos de dos en dos; y les dio _____ sobre los espíritus inmundos" (_____ 6.7).

Ser mentor

USTED HOY:

- Examinará la práctica de ser mentor.
- Aprenderá cómo Jesús guió y aconsejó a sus discípulos.
- Verá cómo Pablo instruyó a Timoteo para que fuera un consejero.
- Considerará la necesidad de tener un mentor en su vida.

El mentor da el ejemplo de lo que quiere que sus seguidores hagan. Sus acciones pesan tanto como sus palabras.

Un mentor es un guía que dirige a otros a través de nuevos terrenos que ya conoce y por tal motivo se encuentra preparado para dirigir. El mentor da el ejemplo de lo que quiere que sus seguidores hagan. Sus acciones pesan tanto como sus palabras. Los líderes del equipo ministerial *indican* por dónde ir y modelan el estilo de vida cristiano que quieren para sus miembros. En nuestro equipo de trabajo tenemos seminaristas. Los considero parte de mi equipo ministerial. Nuestros seminaristas hacen de todo, desde abrir el edificio los domingos por la mañana hasta predicar por mí. Ellos tienen también otros deberes. Uno de ellos dirige el proceso de asimilación de nuevos miembros. Otro supervisa la base de datos de la computadora. Un tercero dirige el ministerio de hombres y el cuarto es líder de un pequeño grupo. Cada uno, por lo menos, está en un puesto de liderazgo en su servicio. Tengo el privilegio de guiarlos. Sé lo que representa estar en el seminario mientras se desea servir a tiempo completo. Sé lo que representa saber que uno puede hacer el trabajo, sin que nadie le pide que lo haga. También sé lo que es saber que Dios lo ha llamado a ejercer cierto ministerio y aún no estar allí. Todo esto lo sé porque fui pastor asistente mientras estaba en el seminario. Alguien que había pasado por donde yo iba me mostró el camino.

Como mentor guío a nuestros seminaristas a través de sus días de estudiantes y les muestro cómo creo que se hace el ministerio. Ellos son responsables de decirme cómo realizan sus tareas y yo prometo guiarlos tan bien como sea posible.

Los líderes servidores son mentores para los que están con ellos en el equipo ministerial. Por medio de los mentores el trabajo de Cristo pasa a la próxima generación de líderes servidores. Ser mentor es reproducir a Jesús en la vida de otro.

Complete los espacios en blanco.

Un mentor es un_____.

Los líderes de grupo_____dónde va el grupo y _____el estilo cristiano que quieren que sus miembros sigan.

JESÚS FUE MENTOR

Cuando Jesús llamó a sus discípulos para que lo siguieran, les enseñó cómo ser seguidores porque quería que siguieran su ejemplo tanto como sus pasos. Lea los siguientes pasajes y escriba algunas formas en que el Maestro aconsejó a sus discípulos.

Referencias	*Cómo Jesús sirvió de mentor a sus discípulos*
Mateo 5.1-2	_____
Marcos 6.32-44	_____
Lucas 6.12	_____
Juan 13.3-5	_____

Jesús guió a sus discípulos enseñándoles. Mateo 5, 6 y 7 muestran en el Sermón del Monte, las enseñanzas del Maestro acerca de cómo viven las personas en el reino. Al principio de este estudio, usted aprendió mucho sobre el ministerio de enseñanza de Jesús, cuando le enseñó el liderazgo a sus discípulos (Mc 10.35-45).

Jesús también aconsejó a sus seguidores demostrándoles el poder de Dios en sus vidas. Cuando los discípulos pensaron que era imposible alimentar aquella multitud que los había seguido durante todo el día, Jesús le pidió a Dios que proporcionara suficiente alimento, de la merienda de un muchacho, para alimentar a cinco mil (Mc 6.32-44).

Jesús ejemplificó una vida de oración. Lucas 6.12 nos narra que Él oró toda la noche antes de escoger a los doce. Hemos visto cómo Jesús educó a sus seguidores cuando le pidieron que los enseñaran a orar (Lc 11.1-4).

Jesús enseñó a sus discípulos el liderazgo servidor cuando les lavó los pies (Jn 13.3-5).

Llene los espacios en blanco.

Jesús fue un mentor para sus discípulos cuando los _____ y _____ lo que Él quería que ellos hicieran.

PABLO FUE UN MENTOR

Pablo también fue un mentor. El apóstol enseñó a los líderes de cada iglesia que fundó. Esta es una de las razones por las que pudo establecer tantas iglesias. Usted ya ha visto que ser mentor quiere decir ejemplificar lo que usted quiere que otros sigan. Pablo instó a la iglesia de Corinto a hacer eso precisamente.

Lea 1 Corintios 4.16. ¿Qué le rogó Pablo a los de Corinto que hicieran?

_____

Pablo escribió: "os ruego que me imitéis". El apóstol quería que si confiaban en el testimonio de Cristo como su Salvador, también confiaran en él y en cómo ellos debían vivir su vida. La palabra *mímica* viene de la traducción del vocablo griego *imitar*. Como mentor que era, Pablo podría haber dicho: "hagan una mímica de lo que yo hago".

Lea 1 Corintios 4.17. Pablo dijo que Timoteo "os recordará mi proceder en Cristo" (1 Co 4.17). Cuando el apóstol no pudo dar el ejemplo de cómo quería que las personas vivieran, envió a un seguidor preparado. Timoteo era alguien a quien él había aconsejado en la fe.

Pablo era el mentor de Timoteo. El misionero más maduro, le enseñó a

Timoteo cómo ser un seguidor de Cristo. El apóstol también le enseñó a ser un líder servidor.

Lea 1 Timoteo 4.12. ¿Qué le dijo Pablo a Timoteo que hiciera para los creyentes en la iglesia?

_____

El apóstol le dijo que fuera un ejemplo para los creyentes en la iglesia. La palabra *tipo* viene de la traducción del griego *ejemplo*. Pablo quería que los miembros de la iglesia vieran el tipo de discípulo que ellos debían ser.

¿En que áreas de su vida le pidió Pablo a Timoteo que mostrara a Cristo?

_____

_____

_____

_____

Timoteo debía enseñar a la iglesia lo que debía ser una vida en Cristo respecto a las áreas de hablar, vida diaria, amor, fe y pureza. Él debía ser el mentor de otros mostrando la conducta que quería en sus vidas. ¿Cómo Timoteo aprendió estas cosas? Pablo lo guió. Ser mentor significa tomar lo que usted aprendió de su consejero y enseñárselo a otro.

Los líderes servidores del equipo ministerial ejemplifican cómo ellos quieren que cada miembro actúe. Los líderes servidores enseñan a otros lo que Cristo les enseñó.

NECESIDAD DE UN MENTOR

H. Hendricks explica la "segunda promesa de los *Guardianes de la promesa*":

"Cada lector de este libro debe tratar de tener tres personas en su vida.
Necesita tener a un Pablo
Necesita tener a un Bernabé
Necesita tener a un Timoteo".[1]

Mientras que los *Guardianes de la promesa* es un ministerio para hombres, su principio se aplica a todos los integrantes del cuerpo de Cristo (véase Tito 2.3-5). El doctor Hendricks estimula a cada creyente a tener un Pablo en su vida porque "usted necesita a alguien que haya atravesado el camino". Cada creyente necesita un Bernabé porque necesita a alguien "que lo ame, pero que no se deje impresionar por usted". Necesita un Timoteo "en cuya vida usted está edificando".[2] Los líderes servidores del equipo ministerial necesitan un mentor, un asociado y un protegido, alguien a quien preparar para servir. No es necesario que estas personas pertenezcan a su equipo ministerial, pero deben ser parte de su ministerio.

Si es un líder servidor, usted es un mentor y necesita un mentor. Usted es un mentor para los que guía, pero necesita un mentor que le enseñe cómo

Los líderes servidores modelan para otros lo que Cristo ejemplificó para ellos.

debe guiar. Aconsejar es parte del liderazgo del siervo porque es como usted prepara la próxima generación de líderes para servir. Si no hay futuros líderes, no hay futuro.

Escriba en el margen el nombre de su mentor (o posible guía). También escriba el nombre de alguien a quien usted guía o a quien podría servir de mentor.

EVALUACIÓN PERSONAL

1. Después del estudio de esta semana, y mientras considera su equipo ministerial, enumere algunas áreas necesitadas que usted pueda dirigir.

_____

_____

_____

_____

_____

SUMARIO

- Los líderes servidores son mentores para los que están en su equipo ministerial. El trabajo de Cristo pasa a la próxima generación de líderes servidores mediante los mentores, quienes reproducen a Cristo en la vida de otros.
- Jesús aconsejó a sus discípulos enseñándoles y demostrándoles el poder de Dios en sus vidas.
- Pablo fue el mentor de Timoteo.
- Guiar es enseñar lo que usted ha aprendido de su mentor y enseñárselo a otra persona. Los líderes servidores ejemplifican para otros lo que Cristo les ejemplificó.
- Los líderes servidores del equipo ministerial necesitan un mentor, un asociado y un protegido, alguien a quien enseñar para servir.
- Si usted es un líder servidor, usted es un mentor y necesita un mentor en su ministerio.

[1]Extracto de *Siete promesas de un cumplidor de su palabra*. Howard G. Hendricks. Editado y publicado por Focus on the Family. Copyright © 1994, Promise Keepers. Todos los derechos reservados. Asegurado con derecho internacional. Usado con permiso.
[2]Ob.ct, 53-54.

Mi mentor:

_____

Seré mentor de:

_____

_____

_____

De nuevo veremos el versículo para memorizar esta semana, en esta ocasión con más palabras omitidas. Procure completarlo sin buscar atrás.

"Después llamó a los doce, y _____ a enviarlos de _____; y les dio _____ sobre los espíritus inmundos" (_____).

Dedique ahora unos momentos para escribir unas oraciones referentes a lo que Dios le ha dicho esta semana a través de este versículo, y cómo sus palabras se han hecho más significativas en su vida.

Los próximos pasos de un líder servidor

USTED HOY:
- Completará el estudio de *El liderazgo de Jesús*.
- Aprenderá cuatro pasos para convertirse en un líder servidor.
- Decidirá qué hacer para continuar convirtiéndose en un líder servidor.
- Orará por el liderazgo servidor y el equipo ministerial.

Usted ha completado este importante estudio del liderazgo del siervo. Tal vez haya sido inspirado mientras estudió las enseñanzas de Jesús y su ejemplo en el liderazgo del siervo. Ha sido motivado al ver cómo Dios, en forma única, lo ha preparado para servirle. Se le ha retado para que adiestre a alguien para el ministerio y se una a otros para alcanzar una meta ministerial común. Ahora usted puede preguntarse "¿qué hago después?" o "¿qué hago con toda esta información?"

Vamos a pasar el día de hoy completando un plan que le ayudará a continuar este viaje del liderazgo servidor. Constará de cuatro pasos:

Primer paso:	Haga que el ejemplo de Jesús sea su guía para el liderazgo servidor.
Segundo paso:	Esté atento a cómo Dios está obrando en su vida para moldearle como un líder servidor.
Tercer paso:	Busque formas de preparar a otros para el ministerio.
Cuarto paso:	Forme equipos con otros para ministrar.

Paso 1: *Haga que el ejemplo de Jesús sea su guía para el liderazgo servidor.*

Repase su jornada a través de este estudio. Primero aprendió las enseñanzas y ejemplos de Jesús respecto al liderazgo servidor (Semana 1). Estos hechos y mensajes le proporcionaron a los discípulos de Jesús un nuevo modelo del liderazgo. *Este modelo es la imagen definitiva de cómo usted debe guiar siendo un seguidor de Cristo.* Seguir a Jesús es dirigir como Él.

Así que, la primera respuesta a su pregunta: "¿Qué hago después?", es hacer de las enseñanzas y ejemplos de Jesús, respecto al liderazgo servidor, el punto de referencia para guiar a otros. Esto requerirá un proceso de transformar sus pensamientos y conducta (Romanos 12.2). Usted no va a dirigir de forma natural, sino que permitirá que Jesús sea su Maestro del liderazgo. Debe tomar pasos para pasar tiempo con el Maestro dejando que Él le de la capacidad de dirigir como un líder servidor.

He aquí algunas sugerencias para continuar este proceso. Haga una marca al lado de la actividad o actividades que hará para continuar aprendiendo a dirigir como Jesús.

❏ Si ya no lo he hecho, memorizaré Marcos 10.45 y lo aplicaré a mis decisiones diarias.

Haga que las enseñanzas y ejemplos de Jesús sean su guía para guiar a otros en el liderazgo del siervo.

❏ Voy a memorizar los siete principios del liderazgo servidor para llevarlos conmigo cada día.

❏ Estudiaré y trataré de dirigir mediante estos cuatro pasajes de las Escrituras que describen cómo Jesús guió como un siervo:
  • Marcos 10.35-45
  • Juan 13.3-11
  • Lucas 14.7-11
  • Filipenses 2.5-11

❏ Invitaré a un amigo a aprender y aplicar estos principios junto conmigo.

❏ Le pediré a alguien que sea un líder servidor (pastor u otro líder de la iglesia) que continúe siendo mi mentor en este proceso. Encontrará sugerencias para estudios posteriores siguiendo el trabajo de hoy.

Segundo paso: *Manténgase atento a cómo Dios está obrando en su vida para transformarlo en un líder servidor.*

Durante las semanas 2 y 3, usted consideró cómo Dios lo había dotado espiritualmente, usando sus experiencias para precisar su testimonio, ajustando su estilo para relacionarse con otros, permitiéndole obtener habilidades vocacionales y con su Espíritu, entusiasmándolo para el ministerio. Esto resultó en su perfil S.I.R.V.E. (véase la página 84). Estas se convierten en las herramientas del liderazgo servidor que Dios está usando para edificar la iglesia. Este es el cuerpo de Cristo y usted es un miembro importante de ese cuerpo. Usted es esencial en el funcionamiento del cuerpo local de creyentes. Todos los otros miembros también son esenciales. Usted solo no tiene todas las habilidades y dones para llevar a cabo la misión de la iglesia. Esta funciona mejor cuando lo hace como un cuerpo en lugar de como una institución.

Cada parte de lo que ustedes son debe someterlo al ejemplo de Jesús. De otra manera, usted ha terminado otro ejercicio de autodescubrimiento. Manténgase atento a cómo Dios ha obrado y está obrando continuamente en su vida, y permita al Espíritu Santo moldearlo con el modelo de Jesús para el liderazgo del siervo.

Con regularidad hágase las siguientes preguntas para asegurarse de estar en el camino correcto mientras se une a Dios, donde Él está obrando, en su iglesia y comunidad:

• ¿Cómo puedo usar los dones espirituales de Dios en mi vida para servirle a Él y a su iglesia? ¿Dónde puedo usarlos más eficientemente?

• ¿Cómo mis experiencias de la vida afectan el modo en que veo a Dios, a los demás y a mí mismo? ¿Qué está haciendo ahora Dios en mi vida para moldearme a la semejanza de Cristo?

• ¿Cómo guían mi conducta de líder mis tendencias naturales para relacionarme? ¿Cómo el Espíritu Santo debe equilibrar estas tendencias para hacerme un líder servidor más fuerte?

• ¿Cómo puedo usar continuamente mis habilidades vocacionales sien-

Dios está obrando en su vida para moldearlo como un líder servidor.

do un líder servidor? ¿Estoy aprendiendo nuevas habilidades para usar en el ministerio?

- ¿A quién puedo preparar para darle un lugar en el liderazgo para servir en la iglesia?

- ¿A quién necesito en mi ministerio que tenga un perfil S.I.R.V.E.?

Paso 3: *Siga buscando maneras de preparar a otros para el ministerio.*
Los líderes servidores preparan a otros para el ministerio. Algunas veces lo hacen enseñando y guiando continuamente. Otras, simplemente consiste en ser un ejemplo positivo de líder servidor. El liderazgo incluye preparar a los que dirige para que sean siervos útiles. A continuación verá una lista de actividades que lo ayudará mientras busca a otros para intruirlos.

❏ Mantenga una lista de oración de personas que considere listas para servir en el ministerio. Ore diariamente por estas personas preguntando: ¿Es esta la persona en la cual Tú necesitas que yo invierta mi tiempo preparándola para el ministerio?

❏ Estimule a su equipo con regularidad. Hágales una nota o envíeles un pequeño regalo (aunque sea algunos cupones de descuento para un comercio local), y así sabrán que están siguiendo el camino correcto.

❏ Algo que puede hacer, que le ayudará a tener éxito en el equipo ministerial, es conocer el perfil S.I.R.V.E. de la persona antes de pedirle que sirva en algún ministerio en particular. Pregúntese: ¿Los dones y habilidades de esta persona serán compatibles con el ministerio que le estoy pidiendo que haga?

❏ Dedique tiempo a escuchar a los que está preparando. Almuerce con ellos o invítelos a tomar café. Usted también querrá observarlos mientras estén ministrando para ver cómo puede ayudarlos.

❏ Estimúlelos para que continúen creciendo a la semejanza de Cristo. ¿Qué habilidades y actitudes deben aprender para ser útiles en el ministerio que usted les ha pedido que realicen?

❏ Ore a menudo por los que está preparando. Sin sus oraciones, nunca podrán triunfar en el ministerio.

❏ Considere los materiales al final de este manual como parte de su proceso de autoadiestramiento (véase la página 126).

Paso 4: *Únase a otros en el equipo ministerial.*
Esta semana usted aprendió que el liderazgo es un deporte de equipo. Aprendió que el ministerio en equipo es el medio más eficiente para los líderes servidores. Use estas sugerencias para comenzar a edificar su equipo ministerial:

❏ Recuerde que ministrar en equipo no es un proceso complicado. Puede involucrar a un grupo de personas que enseñen idiomas, o que enseñen a un grupo de preescolares los domingos por la mañana. Una vez que su equipo acuerde la meta a alcanzar, guíelos a capacitarse

Los líderes servidores preparan a otros para servir en el ministerio.

para que mejoren sus dones y habilidades. Su pastor o ministro de educación puede ayudarlo en este importante proceso.

❑ Planifique reuniones de compañerismo para lograr un sentimiento de unión en su grupo. Dediquen tiempo a orar en grupo por las necesidades para las cuales Dios los ha unido. Con un espíritu semejante a Cristo, prepárese para dirigir cualquier duda del equipo respecto a falta de dirección o actitudes. Esté preparado a escuchar sus preocupaciones y si es posible, tomar medidas para resolver sus necesidades como miembros importantes del equipo.

❑ Asegúrese de haber delegado en su equipo la autoridad y medios para alcanzar sus metas comunes. Los miembros del equipo deben sentir que tienen habilidades y oportunidades para hacer su trabajo.

❑ Desarrolle responsabilidad entre los miembros del equipo. Sea franco para contarles de sus errores y la necesidad que tiene de recibir la ayuda de ellos para alcanzar metas. Cree un sentido individual de responsabilidad ante Dios por los resultados de su equipo ministerial.

EVALUACIÓN PERSONAL

El proceso de convertirse en un líder servidor nunca termina. Usted sólo ha comenzado esta emocionante jornada. Cuando haya completado la sesión de hoy, dedique un tiempo especial a la oración. Considere las dos afirmaciones a continuación. Prepárese para explicar cuáles son sus compromisos.

- Yo me comprometo a continuar el proceso de convertirme en un líder servidor siguiendo los cuatro pasos sugeridos en esta sesión. ❑ Sí   ❑ No
- Como parte de mi función como líder servidor, yo estimularé a otros a participar en este estudio. Comenzaré hoy a orar por aquellas personas que Dios quiere que encuentren a Jesús en el liderazgo. ❑ Sí   ❑ No

SUMARIO

Los cuatro pasos sugeridos que vienen a continuación para convertirse en un líder servidor son:

1. Haga que el ejemplo de Jesús respecto al liderazgo servidor sea su patrón para dirigir.
2. Manténgase atento a cómo Dios está obrando en su vida para moldearlo como un líder servidor.
3. Continúe buscando formas de preparar a otros para el ministerio.
4. Agrúpese con otros en el ministerio.

Su compromiso para vivir los principios de este estudio afectará la forma en que usted sirve si es líder en su iglesia o ministerio.

Usted ha completado este estudio de *El liderazgo de Jesús*. ¿Qué verdades importantes ha aprendido en este estudio? Escríbalas y esté preparado para comentarlas con el grupo en su próxima reunión.

Recuerde: ministrar en equipo no es un proceso complicado.

Marcos 6.7
Usted ha repetido este versículo durante toda la semana. Ahora trate de escribirlo completo, de memoria. A muchas personas no le es fácil memorizar las Escrituras. Haga lo que sea posible, revise lo que escribió y continúe siendo agradecido por la bendición de tener la palabra de Dios; ahora guardada para siempre en su corazón.

Sus próximos pasos hacia el liderazgo servidor

Luego que un niño da sus primeros pasos, hay gozo en la familia. Aunque con esos primeros pasos viene una mayor dependencia en otros para encontrar guía, fortaleza, dirección y seguridad.

Durante las semanas pasadas usted también dio los primeros pasos hacia el liderazgo servidor. Y en un modo similar también depende de otro para obtener guía, fortaleza, dirección y seguridad.

Como ha dicho Gene Wilkes, con este curso no se termina el estudio del liderazgo servidor. Es sólo el comienzo. En los próximos días, los pasos que tome para profundizar en el liderazgo cristiano podrán hacer una gran diferencia en usted, su iglesia y su comunidad. Un plan para continuar creciendo en esta época interesante de su vida podría incluir un estudio de otros materiales como por ejemplo:

• *Mi experiencia con Dios: Cómo conocer y hacer la voluntad de Dios*: Este curso ayuda a los cristianos a descubrir y seguir obedientemente la voluntad de Dios. Ayuda a las personas a reorganizar sus creencias, carácter y conducta basándose en el propósito de Dios para sus vidas. Una nueva versión ampliada y corregida será publicada en breve.

• *La mente de Cristo*: Este curso lo ayuda a asirse de los pensamientos de Cristo, para tener la mente de Cristo. Se basa en el reto de Filipenses 2.5-11: "Haya pues en vosotros este sentir que hubo también en Cristo Jesús..."

• *En la presencia de Dios*: Esta guía a una profunda vida de oración ayudará a los adultos a aprender y practicar seis tipos de oración y descubrir la mayor autoridad dada a la oración unida.

• *Vida discipular*: Ayudará a los cristianos a aprender cómo permanecer en Cristo, vivir en la palabra, orar con fe, tener comunión con los creyentes, testificar en el mundo y ministrar a otros. Este material revisado (que saldrá en abril de 1997) incluye *Vida discipular 1: La cruz del discípulo*; *Vida discipular 2: La personalidad del discípulo*; *Vida discipular 3: La victoria del discípulo*; *Vida discipular 4: La misión del discípulo*.

Cada uno de estos cursos está disponible. Llame o escriba a Customer Service Center, 1-800-458-2772; 127 Ninth Avenue, North, Nashville, TN 37234-0113. También los puede obtener en la Librería Bautista o Lifeway Christian Store más cercana.

El líder servidor S.I.R.V.E.

      DONES eSPIRITUALES

      EXPERIENCIAS

      ESTILO PARA RELACIONARSE CON OTROS

      HABILIDADES VOCACIONALES

      ENTUSIASMO

El líder servidor PREPARA a otros

      Motivar para servir

      Evaluar a los que servirán

      Comprender sus necesidades

      Instruirlos

      Orar por ellos

El líder servidor sirve en un Equipo ministerial.

      Trabajar en Unidad

      Delegar el liderazgo

      Responsabilizarse

      Servir de Mentor

EL LIDERAZGO DE JESÚS

PLAN DE ESTUDIO DE CRECIMIENTO CRISTIANO
LA PREPARACIÓN DE CRISTIANOS PARA CRECER

En el **Plan de Estudio de Crecimiento Cristiano**, *El liderazgo de Jesús: Cómo ser un líder servidor* es el libro de texto en el área de Liderazgo bíblico en el Diploma de Desarrollo de Líderes. Para recibir crédito, lea el libro, complete las actividades de aprendizaje, enseñe el trabajo realizado al pastor, o un miembro del personal o líder de la iglesia, y luego complete la información que se encuentra debajo. Puede reproducir la planilla. Después que la complete, envíela a:

Plan de Estudio de Crecimiento Cristiano
127 Ninth Avenue, North, MSN 117
Nashville, TN 37234-0117
FAX: (615) 251-5067

El catálogo anual del **Plan de Estudio de Crecimiento Cristiano** ofrece información acerca del plan de estudio. Quizás la oficina de la iglesia tenga uno. Si no lo tiene, pida un ejemplar gratis a la oficina del Plan de Estudio de Crecimiento Cristiano (615/251-2525).

INFORMACIÓN DEL SOLICITANTE

Nº del Seguro Social*

Nº del PECC*

Fecha de nacimiento

Nombre: primero, segundo y apellido
❑ Sr. ❑ Srta.
❑ Sra. ❑

Teléfono

Dirección (calle, ruta o número del apartado postal)

Ciudad, Estado

Código postal

INFORMACIÓN DE LA IGLESIA

Nombre de la iglesia

Dirección (calle, ruta o número del apartado postal)

Ciudad, Estado

Código postal

SÓLO PARA SOLICITAR CAMBIOS

Antiguo nombre

Dirección (calle, ruta o número del apartado postal)

Ciudad, Estado

Código postal

Iglesia anterior

Código postal

NÚMERO DEL CURSO

| L | S | - | 0 | 2 | 1 | 6 |

Envíe esta solicitud a:	PLAN DE ESTUDIO DE CRECIMIENTO CRISTIANO JUNTA DE ESCUELAS DOMINICALES 127 NINTH AVENUE, NORTH, MSN 117 NASHVILLE, TN 37234-0117	FIRMA DEL PASTOR, MAESTRO U OTRO LÍDER DE LA IGLESIA	FECHA

*Se pide que los nuevos solicitantes den su número del SS, pero no se requiere. Los participantes que ya han hecho estudios anteriores, por favor den su número del Plan de estudio de crecimiento cristiano (PECC) cuando estén usando el número del SS por primera vez. Después sólo se requerirá un número de identificación (ID).